J. Lee Grady

10 mentiras que los HOMBRES creen.

La verdad sobre las mujeres, el poder, el sexo y Dios, y por qué importan

J. Lee Grady

10 mentiras que los HOMBRES creen.

La verdad sobre las mujeres, el poder, el sexo y Dios, y por qué importan

CASA CREACIÓN
Para vivir la Palabra

Para vivir la Palabra

MANTÉNGANSE ALERTA;
PERMANEZCAN FIRMES EN LA FE;
SEAN VALIENTES Y FUERTES.
—1 Corintios 16:13 (NVI)

10 mentiras que los hombres creen por J. Lee Grady
Publicado por Casa Creación
Miami, Florida
www.casacreacion.com

ISBN: 978-1-61638-083-0
E-book ISBN: 978-1-61638-326-8

Desarrollo editorial: *Grupo Nivel Uno, Inc.*
Adaptación de diseño interior y portada: *Grupo Nivel Uno, Inc.*

Publicado originalmente en inglés bajo el título:
10 Lies Men Believe
Publicado por Charisma House
600 Rinehart Road, Lake Mary, Florida 32746

Visite la página web del autor: http://themordecaiproject.org/.

Nota de la editorial: Aunque el autor hizo todo lo posible por proveer teléfonos y páginas de internet correctos al momento de la publicación de este libro, ni la editorial ni el autor se responsabilizan por errores o cambios que puedan surgir luego de haberse publicado.

Impreso en Colombia

23 24 25 26 LBS 9 8 7 6 5 4 3 2 1

DEDICATORIA

A mi papá, Jackson Lee Grady, quien me amó incondicionalmente, proveyó para mí con generosidad y me mostró el modelo de Cristo en la manera de tratar a mi madre durante más de sesenta años de matrimonio.

A mis yernos, Rick y Sven: me siento honrado de llamarlos mis hijos.

Y a los hombres de otros países que he tenido la posibilidad de alentar en años recientes: Abraham, Adolfo, Agus, Alex, Aleksandr, Arthur, Balint, Daniel, Enrique, Felipe, Fernando, Gennady, Gideon, Iftakhar, Jackson, Javier, Jusan, Kelechi, Kumar, Ladi, Luis, Marian, Marlon, Medad, Miracle, Mikhail, Moses, Nebby, Norberto, Oto, Peter, Raja, Ralph, Robert, Sabin, Shibu, Shyju, Sunil, Swanky, Tamas, Victor, Xavier, y Yinka. Todos ustedes son humildes guerreros que me inspiran.

CONTENIDO

Prólogo por Napoleon Kaufman 9

Introducción:
¿Le han lavado el cerebro? 11

Mentira Nº 1:
Dios hizo a los hombres superiores a las mujeres 23

Mentira Nº 2:
Un hombre no puede tener una buena relación con su padre 39

Mentira Nº 3:
Un verdadero hombre se define por el éxito material 59

Mentira Nº 4:
El hombre es el "jefe" supremo de su familia 79

Mentira Nº 5:
El sexo es principalmente para el goce del hombre, no de la mujer 95

Mentira Nº 6:
Está bien que un hombre golpee o abuse de una mujer. . . . 109

Mentira Nº 7:
Los verdaderos hombres no necesitan amistades masculinas íntimas. 123

Mentira Nº 8:
Un hombre nunca debe admitir sus debilidades 145

Mentira Nº 9:
Los verdaderos hombres no lloran 165

Mentira Nº 10:
Un hombre nunca debe recibir ministración espiritual
de una mujer 179

Conclusión:
El viaje de debilucho a guerrero 197

Apéndice:
El secreto del poder espiritual para cada hombre 205

Notas 211

PRÓLOGO

Ha pasado un largo tiempo desde que leí un libro que expone el pecado dentro de una cultura y al mismo tiempo, sana la cultura. Lee Grady es digno de elogio por haber tomado la valiente decisión de escribir *10 mentiras que los hombres creen.*

En las iglesias de todo el mundo el Señor está tratando de levantar una generación que no transija: una generación consagrada, fiel y que camine en el temor del Señor. Pero tenemos un problema: la Iglesia no entiende que para levantar hijos fuertes e hijas espirituales, necesitamos tanto al género masculino como al femenino. Por causa de la tradición, la mala doctrina, y en algunos casos, los espíritus religiosos, la iglesia ha sido esposada a la idea de que las mujeres no pueden predicar, profetizar y liderar en las iglesias locales.

Estas son mentiras que los hombres y las mujeres de la iglesia han creído. Pero yo creo que Lee, a través de este libro, ha dado un paso adelante en este debate, al definir los patrones de pensamiento práctico, cotidiano con que lidian los hombres en todo este país.

Él enumera muchas de las mentiras que los hombres creen: "Dios hizo a los hombres superiores a las mujeres." "Los verdaderos hombres no lloran." "Un hombre nunca debe admitir su debilidad." Estas son mentiras que los hombres, dentro y fuera de la iglesia, han comprado. Estas son mentiras que están tan arraigadas en la cultura de este mundo que los hombres se han visto afectados por ellas, independientemente de su raza, credo o color.

Lee desvanece estas mentiras con la verdad de la Palabra de Dios y un corazón lleno de gracia y humildad. Este libro es una lectura ineludible para los hombres, especialmente para los que lideran iglesias locales. Digo esto porque todos los días nosotros, como líderes, tratamos con hombres que cruzan las puertas de la iglesia en busca de respuestas. Algunos nunca tuvieron un padre. A otros nunca se les enseñó cómo tratar a una dama. Y muchos otros nunca han tenido una relación estrecha con otros hombres.

Frecuentemente enseñamos a los hombres a orar, ayunar y profetizar, ¡pero también debemos enseñarles a *ser hombres!* Ser hombre no es dominar a la esposa. No demostramos nuestra hombría meramente con tener un trabajo y llevar dinero a casa. Jesús demostró su hombría al dar su vida por su novia.

El mensaje de Cristo es totalmente contracultural, pero es lo que hacen los hombres de verdad. Lee Grady, una vez más, ha captado el corazón de Dios y ha escrito un libro que pondrá a prueba el espíritu religioso en nuestras iglesias, tanto como el espíritu de esta época.

—Napoleon Kaufman
ex running back de los Raiders de Oakland
Pastor de the Well Christian Community
Dublin, California

INTRODUCCIÓN

¿LE HAN LAVADO EL CEREBRO?

Qué hace de usted un hombre? Si alguna vez esa pregunta lo ha preocupado, este libro es para usted.

Nuestra disfuncional cultura nos manda señales confusas sobre la hombría. El mundo de los deportes nos dice que la auténtica masculinidad está relacionada con la condición atlética, la fortaleza física y el ganar el juego. En resumen, *los músculos hacen al hombre.*

El mundo de las finanzas sugiere que mi valor está directamente relacionado con mi cuenta bancaria, la cantidad de metros cuadrados que tiene mi casa, la marca de reloj que uso, y la marca y modelo del auto que conduzco. En otras palabras, *el dinero hace al hombre.*

Luego, Hollywood me dice que la hombría se mide según el tiempo que puedo durar en la cama y según con cuántas mujeres he tenido sexo. El claro mensaje es: *el pene hace al hombre.*

Sumándose a ese coro, la música popular de hoy les dice a los jóvenes urbanos que el valor de su masculinidad será estimulado si actúan en forma ruda, golpean a las mujeres, blasfeman, se drogan, se burlan de la policía y consumen tanto alcohol como les sea posible. Si hacen todas estas cosas, alguno en la calle lo recompensará diciéndole: "¡Eres *el* hombre!". Así que estos muchachos crecen pensando que *el mal comportamiento hace al hombre*, especialmente si eso quiere decir preñar a tantas mujeres como les sea posible y abandonarlas dejándoles ojos morados, moretones, y corazones destrozados en el proceso.

Siento decepcionarlos, muchachos, pero si ése es el criterio oficial de la hombría, yo no gano ninguna medalla. Según los parámetros del mundo, no tengo las cualidades necesarias para escribir este libro sobre el camino de la masculinidad.

En primer lugar, no soy una estrella atlética, y mi falta de habilidad en el campo de deportes fue un asunto muy doloroso para mí durante mi niñez y adolescencia. Crecí en Alabama y Georgia, donde el fútbol americano es una religión y los mariscales de campo estrellas sus ídolos, al menos los viernes por la noche y sábados a la tarde, antes de que todo el mundo se acicale para ir a la iglesia. Yo no estaba a la altura del estado olímpico de aquellos titanes del campo. Nunca pude entender cómo arrojar un perfecto pase de anotación, ni pude bloquear a otro jugador cuyos antebrazos eran más gruesos que mis muslos. Ni siquiera fui bueno para patear la pelota en sexto grado, aunque sí aprendí a arrojar un fantástico *frisbee* en la secundaria.

En segundo lugar, si el dinero hace al hombre, otra vez fracasé en el examen. Mi primer auto, que mi padre me ayudó a comprar cuando estaba en el décimo primer grado, era un Plymouth Valiant que tenía un agujero en el piso. Después pasé a un Honda Civic. Cuando mi esposa y yo comenzamos a tener hijas compramos un Dodge Caravan usado, cuyo aire acondicionado debía ser reparado con frecuencia. Mi sueldo fue aumentando gradualmente con el transcurso de los años, pero como teníamos cuatro hijas que crecieron y fueron a la universidad, permanecí en la categoría de presupuesto limitado y compré un Hyundai Elantra que costó apenas un poquito más que la boda de mi hija mayor.

Tuve algunos amigos que iniciaron compañías exitosas o se hicieron ricos vendiendo bienes raíces antes de la Gran Recesión. Un amigo mío es un empresario que suele mantener conferencias telefónicas con multimillonarios. Algunos de estos hombres tienen barcos, casas de veraneo y se van de vacaciones a Maui, Hawaii. ¿Yo? Yo vivo en la misma casa de doscientos metros cuadrados que compré en 1993, y que aún sigo pagando, no tengo un Rolex, ni un corredor de Bolsa, y no hay ningún portón de entrada para acceder a mi vecindario. Soy un hombre promedio de clase media.

En tercer lugar, si la verdadera hombría se determina por la cantidad de personas con las que he mantenido relaciones sexuales, entonces soy un perdedor. Es cierto, experimenté algún tosco manoseo cuando estaba en la escuela secundaria (en el asiento delantero de mi Plymouth Valiant), pero temía demasiado a la ira de Dios y al padre de mi novia como para cruzar la línea prohibida. Así que fui técnicamente virgen hasta que me casé, y también mi esposa. ¡Pasamos toda nuestra luna de miel en Miami Beach tratando de aprender cómo funcionaban esas cosas! (Y les recuerdo a los hombres jóvenes de hoy que la luna de miel es para eso: para proveer tiempo suficiente para practicar educación sexual.)

Así que he hecho una confesión honesta. En el pasado me he sentido extremadamente inseguro sobre mi hombría. Sin embargo, cuando examino estos conceptos mundanos sobre la masculinidad, me doy cuenta de que muchos hombres estarían celosos de lo que yo tengo.

En el aspecto físico, ¿qué pasa si no puedo levantar pesas de 250 libras ni ganar el premio Heisman? Al menos mi esposa cree que soy sexy. ¿No es suficiente? (A propósito, ella no cree que los muchachos con grandes bíceps y pectorales sean atractivos.) Procuro trotar tres veces por semana y disfruto de mantenerme bien físicamente. Pero no tengo que competir con Mr. Universo. ¿Por qué habría de gastar mi energía en compararme con cada deportista que exista?

Financieramente, no me importa si mi cuenta de ahorros es más pequeña que la de Bill Gates o la de Warren Buffett. Conozco a demasiados hombres de negocios "exitosos" que han perdido sus matrimonios y el respeto de sus hijos tratando de escalar. *Fortune 500* jamás escribirá sobre mi salario o mis opciones en el mercado. Pero no tengo nada de qué quejarme. Mis hijas fueron a la universidad sin que tuviera que endeudarme, pagué las bodas de mis hijas (y sus autos) y apoyo ministerios cristianos de todo el mundo. En realidad me siento muy bendecido, especialmente cuando me doy cuenta de que la mayoría de las personas del mundo vive con menos de US$ 1.50 por día.

Si hablamos de sexo, tengo lo que pocos hombres tienen. Mi esposa me ha amado fielmente por veintiséis años. Nos hemos mantenido fieles a nuestros votos matrimoniales, y nuestra intimidad es tan satisfactoria hoy como cuando yo era más fácilmente excitable a los veinticinco. Mi estilo de vida aburrido, con una sola mujer puede no resultar interesante para los editores de *GQ* o de *Playboy*, pero los estudios prueban que los hombres monógamos duermen más profundamente y no necesitan pastillas para calmar sus sentimientos de culpa, ansiedad o temor a las enfermedades de transmisión sexual.

Así que para ser honestos debemos admitir que los músculos, el dinero y la multiplicidad de parejas sexuales no pueden calificar nuestra verdadera hombría. Los estándares del mundo son mezquinos y endebles. La medida del verdadero hombre tiene que ver con algo mucho más profundo.

Hablemos de esto

1. ¿Qué cree usted que hace a un verdadero hombre?
2. ¿En qué áreas de su vida—como los deportes, el dinero, el éxito profesional, o el sexo—ha luchado con su inseguridad respecto a su hombría?

Los verdaderos hombres conocen a Dios

Justo antes de entrar a la universidad, allá por la década de los setenta, me encontré cara a cara con la realidad de que Jesucristo es el Hijo de Dios y dio su vida en sacrificio por mí. Aunque no pude ver pruebas de su existencia, sabía en mi corazón que Él era real y que todo lo que la Biblia dice sobre Él es verdad. Así es que elegí creer. Di un paso de fe y le entregué mi vida, mi futuro y todas mis elecciones.

Un verdadero milagro me sucedió en ese momento. Los cristianos llaman *conversión* a esta experiencia. Jesús le dijo a su amigo Nicodemo que cuando ponemos nuestra confianza en Él y creemos que Él tiene poder para perdonar nuestros pecados, "nacemos de nuevo" (Juan 3:3). Recibimos una nueva naturaleza porque la misma presencia de Cristo viene a morar adentro nuestro. El núcleo mismo de nuestra identidad es cambiado.

El apóstol Pablo describió la conversión de esta manera:

> De modo que si alguno está en Cristo, nueva criatura es; las cosas viejas pasaron; he aquí todas son hechas nuevas.
>
> —2 Corintios 5:17

Pablo también escribió:

> Con Cristo estoy juntamente crucificado, y ya no vivo yo, mas vive Cristo en mí; y lo que ahora vivo en la carne, lo vivo en la fe del Hijo de Dios, el cual me amó y se entregó a sí mismo por mí.
>
> —Gálatas 2:20

Éste es realmente el secreto para descubrir su verdadera identidad como hombre. Es el único paso a una masculinidad auténtica. Si Dios lo hizo hombre, sólo Dios puede darle plenitud en esa identidad. Él tiene la llave para desbloquear su potencial como hombre.

Muchos hombres creen que ser cristiano es una señal de debilidad. Creen que un "verdadero hombre" depende sólo de sí mismo y de nadie más. Pero la verdad es que el hombre que se hace a sí mismo es una figura trágica. Tendrá algunos momentos de placer y de realización personal, y puede ser que acumule riquezas, pero al final de su vida se introducirá en una negra eternidad sin nada en su haber.

Jamás descubrirá quién es usted verdaderamente haciendo dinero, teniendo sexo más explosivo, conduciendo un buen auto, tomando la mejor cerveza, ganando la mayoría de los trofeos, o poniendo su nombre en carteles luminosos. Esas cosas sólo son un vano intento del hombre para encontrarle sentido a su vida. Pero cuando la vida termina todo lo temporal se desvanece, incluyendo el sexo, el dinero, los autos, las casas, la cerveza, los trofeos, los diplomas y la fama.

El camino hacia una verdadera hombría comienza cuando cambiamos nuestra vieja naturaleza —los errores de nuestro pasado, los fracasos vergonzosos, el orgullo, las inseguridades, los temores y las mentiras que hemos creído— y dejamos que Jesús viva a través de nosotros. Necesitamos una relación personal con Él. La Biblia, más que ninguna otra cosa, es una colección de historias sobre personas que tuvieron encuentros con Dios. Descubrieron su misericordia y su perdón, luego, a medida que desarrollaban su relación personal con Dios, Él las usó para que hicieran cosas extraordinarias que cambiaron el curso de la historia.

Esta es la esencia del cristianismo. No es una religión de reglas estrictas para evitar el pecado. La fe en Cristo significa cambiar nuestras debilidades e incapacidades por su asombrosa fuerza interior, que la Biblia llama *gracia*. Él la ofrece a todo aquél que sencillamente crea en el Hijo de Dios. (Si usted nunca ha puesto su fe en Jesús, puede aprender cómo hacerlo al final de esta introducción.)

Si usted ya es cristiano, eso no significa que no tendrá golpes en su camino a la hombría. Si es como yo, batallará todos los días. La mayoría de los hombres somos inseguros, y llevamos nuestras inseguridades con nosotros en nuestro andar en fe. Probablemente usted también batalla con la lujuria, la ira, el resentimiento, los celos y el orgullo. Quizá sea perseguido por recuerdos dolorosos. Venimos a Jesús quebrantados y su proceso de sanidad (que la Biblia llama *santificación*) lleva tiempo.

Escribí este libro para ayudarlo a realizar este viaje.

Si bien sólo la gracia de Dios puede cambiarnos, debemos rendirnos a su obrar en nosotros. Un doctor sólo opera a un paciente que yace enfermo; nosotros, también, debemos quedarnos quietos en la camilla del Gran Médico si queremos verdadera sanidad. Eso significa que debemos estar dispuestos a someter nuestras vidas a su cuchillo cuando sea necesario realizar un corte.

Parte de ese proceso es lo que la Biblia llama *la renovación de la mente*. Romanos 12:2 dice:

> No os conforméis a este siglo, sino transformaos por medio de la renovación de vuestro entendimiento, para

> que comprobéis cuál sea la buena voluntad de Dios, agradable y perfecta.

Éste es el supremo lavado de cerebro. Dios utiliza la verdad de su Palabra para lavar nuestras mentes y hacer salir todas las ideas erróneas y los principios mundanos que hemos aprendido, ya sea de nuestras familias, amigos, sistemas educativos o medios de comunicación (así como de iglesias u otras instituciones religiosas que puedan haber distorsionado las enseñanzas de la Biblia).

¡Debemos confrontar esas mentiras! Y la única manera de hacerlo es con los principios eternos de Dios, que están revelados en la Biblia. El apóstol Pablo dice que la Palabra de Dios es como una espada (Efesios 6:17), y dijo que no tenía miedo de utilizar esta arma espiritual contra las vanas filosofías. Nosotros necesitamos el mismo coraje.

Pablo escribió en 2 Corintios 10:3–5:

> Pues aunque andamos en la carne, no militamos según la carne; porque las armas de nuestra milicia no son carnales, sino poderosas en Dios para la destrucción de fortalezas, derribando argumentos y toda altivez que se levanta contra el conocimiento de Dios, y llevando cautivo todo pensamiento a la obediencia a Cristo.

Hoy en día todos somos bombardeados por las mentiras de la cultura. Vienen hacia nosotros como flechas venenosas, vuelan desde docenas de lugares diferentes. Muchas de estas mentiras seductoras están dirigidas en particular hacia los hombres. Nos susurran:

- Todos se acuestan con cualquiera hoy en día —¡hasta los cristianos! Está bien irte a vivir con tu novia. Además, debes averiguar si eres sexualmente compatible con ella antes de pedirle que se case contigo.
- La pornografía está en todos lados, así que puedes ser indulgente. Además, tu esposa nunca se enterará.
- Una rápida aventura con esa joven de tu oficina no lastimará a nadie.

- Todos son deshonestos en algún momento, así es que adelante, miéntele a tu jefe.
- Aunque no tengas un presupuesto como para comprar ese auto deportivo, hazlo, despilfarra. Te hará lucir bien.
- Tenías razón al golpear a tu esposa. ¡Ella debe aprender la lección y dejar de ser tan irrespetuosa!
- Los psicólogos dicen que el comportamiento homosexual no tiene nada de malo. Tal vez debas experimentarlo.
- No necesitas buenos amigos. La mejor manera de progresar es cuidarse las espaldas y no confiar en ninguno de los que te rodean.

Usted tiene una opción. Puede oír esta mortal arremetida de mentiras día tras día hasta que ellas penetren profundamente en usted y lo carcoman de adentro hacia afuera. O puede levantar sus armas espirituales y luchar. No hay término medio. Si quiere ser un verdadero hombre, debe tomar la ofensiva y entablar combate contra el enemigo.

En este libro expongo diez de las mentiras más comunes que bombardean hoy a los hombres. A medida que lo lea, lo invito a tomar la espada del Espíritu Santo. No se acobarde. Atrévase a luchar. Lleve cautivo todo pensamiento, resista la tentación del enemigo, y conviértase en un verdadero guerrero.

Oremos por esto

Padre, quiero ser un verdadero hombre de Dios. No quiero ser conforme a este mundo. Renueva mi mente de acuerdo con tu Palabra. Quiebra el poder de las mentiras que he creído. Ayúdame a ser libre de cualquier modo de pensar erróneo sobre lo que significa ser un verdadero hombre. Te rindo mi vida en todas las áreas para que Cristo viva su vida a través de mí. Amén.

Primero lo primero

Tal vez se dé cuenta de que jamás le ha rendido su vida al Señor. ¡No demore esta decisión! Lo aliento a que acepte hoy mismo el maravilloso amor de Dios y reciba la salvación que sólo Jesucristo da. Estos son cinco sencillos pasos que usted puede dar para iniciar su relación con Dios:

1. **Reconozca su necesidad:** La Biblia nos dice que "todos pecaron, y están destituidos de la gloria de Dios" (Romanos 3:23). Todos somos pecadores, y debemos admitir que necesitamos un Salvador.
2. **Arrepiéntase de sus pecados.** Como Dios es completamente santo y nosotros somos pecadores, nuestros pecados crean un muro que nos separa de Dios. Al confesar sus pecados y alejarse de ellos, encontrará el perdón. *Arrepentirse* significa dar un giro de 180 grados. La Biblia promete: "Si confesamos nuestros pecados, Él es fiel y justo para perdonar nuestros pecados, y limpiarnos de toda maldad" (1 Juan 1:9).
3. **Crea en Jesús.** ¡Este es el paso más importante! Dios obró un milagro cuando envió a su único Hijo a morir para que Él pagara por nuestros pecados. Ponga su fe en Él y crea en que tiene poder para salvarlo. La Biblia dice: "Porque de tal manera amó Dios al mundo, que ha dado a su Hijo unigénito, para que todo aquel que en él cree, no se pierda, mas tenga vida eterna" (Juan 3:16).
4. **Reciba la salvación.** Dios nos ha dado gratuitamente este regalo, pero depende de nosotros aceptarlo. Dele gracias por haber enviado a Jesús a morir en la cruz por usted. Agradézcale su asombroso amor, su misericordia y perdón. Luego pídale que viva en su corazón. Su promesa para nosotros es clara: "Mas a todos los que le recibieron, a los que creen en su nombre, les dio potestad de ser hechos hijos de Dios" (Juan 1:12).

5. **Confiese su fe.** La Biblia nos asegura: "que si confesares con tu boca que Jesús es el Señor, y creyeres en tu corazón que Dios le levantó de los muertos, serás salvo" (Romanos 10:9). Usted ha nacido de nuevo y ahora es parte de la familia de Dios. ¡Cuénteles a otros lo que Jesús ha hecho en su vida!

Si ha dado estos cinco pasos, puede decir esta oración:

Señor Jesús, gracias por morir en la cruz por mí. Reconozco que eres el Hijo de Dios, que fuiste enviado a la tierra para pagar el precio completo de todos nuestros pecados. Creo que resucitaste de entre los muertos y que vives por siempre en el cielo. Eres Todopoderoso, y me rindo a tu señorío. Lamento haber vivido apartado de ti. Por favor, perdóname por haber pensado que mi vida podía tener sentido separado de ti, mi Señor y Creador.

Me aparto de mis pecados y elijo seguirte. Por favor, lávame y ven a vivir a mi corazón. Te entrego todas mis heridas, mis temores, mi falta de perdón, mi orgullo, mi codicia y toda la basura de mi pasado. Gracias porque me permites comenzar de nuevo. Amén.

Hablemos de esto

1. Describa brevemente cuándo y cómo tomó la decisión de poner su fe en Jesucristo.
2. Todos llegamos a Jesús deshechos. ¿Cuáles fueron las luchas más profundas que enfrentó cuando recién se convirtió en cristiano?
3. ¿Qué luchas enfrenta hoy?
4. Nuestra cultura nos dice muchas mentiras sobre lo que hace a un verdadero hombre. ¿Cuáles está más tentado a creer?

La relación de los sexos es análoga; el uno es superior al otro; éste está hecho para mandar, aquél para obedecer.[1]

—Aristóteles, en *Política Cap. 2*

Cien mujeres no valen ni un sólo testículo.[2]

—Confucio

Sólo los hombres son creados directamente por los dioses y se les dan almas. Los que viven justamente regresan a las estrellas, pero los que son "cobardes" o llevan vidas deshonrosas, puede que esa sea la razón de que hayan cambiado a la naturaleza de la mujer en la segunda generación.[3]

—Platón en *Timeo*

Los hombres tienen autoridad sobre las mujeres en virtud de la preferencia que Alá ha dado a unos más que a otros y de los bienes que gastan. Las mujeres virtuosas son devotas y cuidan, en ausencia de sus maridos, de lo que Alá manda que cuiden. ¡Amonestad a aquéllas de quienes temáis que se rebelen, dejadlas solas en el lecho, pegadles! Si os obedecen, no os metáis más con ellas. Alá es excelso, grande.[4]

—el corán 4:34

Bendito eres tú, Oh Señor nuestro Dios, Rey del universo, que no me has hecho mujer.[5]

—antigua oración de los rabinos judíos

El alma de las mujeres es tan pequeña que algunos creen que no tienen ninguna.[6]

—Samuel Butler, poeta inglés

MENTIRA Nº 1

DIOS HIZO A LOS HOMBRES SUPERIORES A LAS MUJERES.

Millones de mujeres en todo el mundo son sometidas al horror de la dominación masculina. Son sometidas sexualmente por bandas en Latinoamérica, sus genitales son mutilados en ciertas partes de África, son forzadas a utilizar burkas en Afganistán, vendidas como esclavas sexuales en Tailandia, y se les niega la educación en la India. Sin embargo, muchos de nosotros, los occidentales, hacemos caso omiso de esta cruel injusticia. Ojos que no ven, corazón que no siente.

Pero en 2009 una película que expuso el cruel abuso de las mujeres en Irán fue un éxito de taquilla apenas unas semanas después de que el gobierno autoritario de Irán fuera sometido al escrutinio internacional. *La verdad de Soraya M.* está basada en un libro escrito por el periodista franco-iraní llamado Freidoune Sahebjam.[7] Cuenta la verdadera historia de una mujer llamada Zahra, que está deshecha porque los hombres de su pueblo—a quienes ella en actitud desafiante llama "demonios"—han asesinado a su sobrina, Soraya.[8]

Mediante escenas retrospectivas entendemos que el inmoral esposo de Soraya decidió matarla para poder casarse con una niña de catorce años. Cuando Soraya se atreve a enfrentar el plan de su esposo, él la acusa falsamente de adulterio con la ayuda del ulema islámico local. Zahra intenta detener su locura, pero al final los vecinos del pueblo realizan la versión islámica del linchamiento. En el transcurso de la película vemos cuán combativas son las actitudes contra las mujeres en esa parte del mundo.

"Ahora las mujeres no tienen voz", dice Zahra en un momento. Vemos cómo las mujeres iraníes, bajo el régimen del Ayatollah Khomeini, eran forzadas a vivir en prisiones de silencio y eran valoradas solo como objetos sexuales y servicio doméstico.

La peor parte de la secuencia de veinte minutos en la que ella es lapidada es la forma en que los jóvenes del pueblo chasquean sus piedras mientras esperan su turno para arrojarlas y matarla.

¿Por qué sigue sucediendo esta clase de locura en el siglo veintiuno? Lo he visto de cerca desde que comencé a confrontar el abuso contra las mujeres en 2001. He viajado a más de veinticuatro países para dar conferencias y seminarios, y he entrevistado a muchas "Zahras" de todos los continentes. Tengo ahora una gran carga por estas mujeres, y por los hombres que abusan de ellas. Éstas son algunas estadísticas que conocemos de este tema ignorado:

1. En todo el mundo, al menos una de cada tres mujeres será golpeada, obligada a tener sexo o a algún abuso similar durante su vida.[9]
2. En América Latina la cultura del *machismo*, o el orgullo machista institucionalizado ha dado como resultado un peligroso desprecio hacia las mujeres. Un informe dado a conocer en 2009 por las Naciones Unidas dice que hasta un 40% de las mujeres en toda Latinoamérica ha sido víctima de violencia física.[10]
3. La prostitución forzada, el tráfico de sexo y el turismo sexual son problemas que crecen cada vez más en muchas partes del mundo. Se estima que cada año 800,000 personas son traficadas a través de las fronteras. El ochenta por ciento de éstas son mujeres y chicas, de acuerdo con la Fundación de Población de las Naciones Unidas, (United Nations Population Fund). La mayoría de ellas terminan atrapadas en negocios de tráfico sexual. (Este número no

incluye la considerable cifra de mujeres y chicas que son vendidas y compradas dentro de sus propios países).[11]

4. De acuerdo con la UNPF, se cree que el mayor número de víctimas proviene de Asia (alrededor de 250,000 por año), la antigua Unión Soviética (alrededor de 100,000), y de Europa Central y del Este (alrededor de 175,000).[12] Un estimado de 100,000 mujeres traficadas han venido de Latinoamérica y el Caribe, con más de 50,000 de África.[13]
5. En Asia, al menos sesenta millones de chicas están "desaparecidas" debido a la selección prenatal del sexo, el infanticidio o el abandono.[14] En China, donde a las parejas jóvenes sólo se les permite tener un hijo, los orfanatos están plagados de niñas pequeñas, porque las familias prefieren a los varones. Las bebés generalmente son arrojadas a los ríos, abandonadas en los umbrales o en los bosques.
6. La mutilación genital femenina afecta a unas 130 millones de mujeres y chicas, mayormente en África. Cada año, dos millones más sufren esta práctica brutal.[15] En la mayoría de los casos, cuando tienen alrededor de doce años las chicas son forzadas a sufrir la remoción de su clítoris para que no puedan sentir placer sexual. A menudo esto causa serios problemas urinarios, además de infecciones.
7. La violencia contra las mujeres también toma la forma de prácticas dañinas, como el matrimonio infantil y la violencia relacionada con la dote (especialmente en la India), las quemaduras con ácido (en algunas naciones musulmanas) y el abandono de las viudas.[16]
8. En muchos países islámicos, las mujeres mueren por lo que se conoce como "asesinatos por honor". Si una mujer se atreve a disentir con su esposo o da alguna señal de falta de respeto, su esposo u otros familiares varones (y en ocasiones su madre) la arrastrarán hasta la calle, la enterrarán hasta la cintura, y luego la apedrearán a plena luz del día. A pesar de que esta práctica es ilegal, se estima que hay cinco mil asesinatos de estos cada año.[17]
9. Guatemala tiene la tasa más elevada de asesinatos de mujeres sin resolver en el mundo. Un informe dado a conocer

en 2005 por Amnistía Internacional mostró que los asesinatos de mujeres crecieron a 560 en ese año, pero aún no hay ningún culpable por tales crímenes. En muchos casos, las víctimas femeninas son torturadas y sus cuerpos mutilados. A menudo los cuerpos son arrojados en las calles.[18]

10. En Sudáfrica, los hombres mayores que se han contagiado con el virus del SIDA creen que si tienen relaciones sexuales con una joven virgen pueden ser curados de esa enfermedad.[19] Así que buscan a estas muchachas para que les sirvan como "esposas" y se las compran a sus padres que están en la pobreza. No hace falta aclarar que muchas de estas chicas inocentes no sobreviven.

Es fácil leer estadísticas como éstas y luego hacerlas a un lado. Después de todo, no conocemos a estas personas, y nos sentimos impotentes para ayudarlas. Pero después que empecé a viajar y a hablar de este tema, nombres y rostros reales comenzaron a coincidir con estos números abstractos. De repente comencé a sentir dolor por estas mujeres y chicas. Como soy esposo y padre de cuatro hijas, empecé a ver a estas mujeres abusadas bajo una luz diferente. Me identifiqué con ellas. Y se me partió el corazón.

En Kochi, India, una mujer desesperada vino a la casa donde yo estaba almorzando. Tenía miedo de hablar conmigo, así que habló con la esposa del pastor que me había invitado a comer. El esposo de esta mujer la acababa de arrastrar hasta un río y la había hundido en el agua varias veces. La amenazó con ahogarla hasta que prometió que iría a la casa de sus padres y les pediría más dinero por la dote. Ella estaba arriesgando su vida al hablar del abuso porque en la India la mayoría de las mujeres sufren en silencio. Se considera una falta de respeto discutir abiertamente los problemas familiares.

En Kampala, Uganda, una estudiante de la Universidad de diecinueve años me pidió si podía encontrarse conmigo en la iglesia, junto con su pastor. Como yo hablaba de sexo abiertamente en un sermón, ella se atrevió a compartir su vergonzoso secreto:

dos primos varones la habían violado cuando ella tenía solo trece años. La llevaron al campo y le dijeron que irían a cabalgar, pero cuando llegaron a su destino ambos muchachos la violaron repetidamente. Cuando ella amenazó que le contaría a sus padres, uno de los muchachos le dijo: "Nunca te van a creer. Las chicas siempre son las culpables".

En Port Harcourt, Nigeria, conocí a una mujer de veinticuatro años que vino a verme llorando. Su padre y madre cristianos tenían una familia feliz con cuatro hijas. Pero su padre decidió divorciarse de su esposa cuando las chicas crecieron. ¿La razón? La mujer no le había dado un hijo varón. "Los hombres nigerianos creen que el deber de la mujer es dar a luz un varón", explicó la angustiada hija. "Ni siquiera se dan cuenta de que es el esperma del hombre el que determina el sexo del bebé."

En Nairobi, Kenya, una mujer que se veía muy cansada me pidió oración en el altar de la iglesia. No podía dormir lo suficiente. Decía que su esposo visitaba prostitutas regularmente, pero a veces también le demandaba sexo a ella, y tenía miedo de que él le contagiara el virus del SIDA. A menudo él igual la forzaba. Si ella se encerraba en la habitación él abría la puerta a puntapiés.

En Kiev, Ucrania—una ciudad conocida por sus redes de prostitución y mafia—hablé en una conferencia a tres mil mujeres sobre la sanidad que Jesucristo ofrece a las víctimas de abuso sexual. Cuando invité a las mujeres al altar para que recibieran oración, casi todas las que estaban allí trataron de abrirse paso hacia el frente. Una mujer ucraniana me dijo luego: "La mayoría de las mujeres de aquí han sido abusadas de esa manera".

En La Paz, Bolivia, pasé muchos días ministrando a la gente pobre e indigente de esa nación. En las calles de la ciudad vi a innumerables mujeres vendiendo caramelos, cigarrillos, artículos de librería y gaseosas en puestitos de madera mientras sus hijos gateaban en las sucias calles o se sentaban sobre mantas detrás de sus rudimentarios kioscos. No se podía encontrar a los esposos de estas mujeres por ningún lado. Más tarde supe que muchos hombres bolivianos fuerzan a sus esposas a trabajar en las calles mientras ellos se quedan en casa todo el día tomando alcohol.

Estas mujeres tienen un dicho popular que todo el mundo en Bolivia sabe de memoria: "*Cuanto más me pega, más me sama*".

Y en Monterrey, México, una mujer pastora que se expresaba muy bien me llevó hacia un costado luego de una conferencia sobre violencia doméstica en la que hablé. Quería contarme algo inimaginable: "Todos los meses voy al hospital a visitar a la esposa de un pastor", susurró, como si tuviera miedo de que alguien más pudiera oírla. "Los pastores les pegan a sus esposas. No es sólo un problema de la cultura secular. ¡También sucede en la iglesia!"

Después de escuchar esta clase de historias de mujeres de todo el mundo, decidí que no podía cruzarme de brazos ni hacer oídos sordos a ello. Me levanté en pie de guerra contra la opresión a las mujeres. Comencé a escribir sobre ello, prediqué sobre ello, y movilicé iglesias para que le hagan frente. Patrociné conferencias de mujeres, de hombres y de pastores para poder atacar este tema desde todos los ángulos.

También me di cuenta de que esta violencia no se acabará hasta que los hombres se opongan enérgicamente a ella. Ahora creo que esto es algo que distingue a un verdadero hombre: se opone a toda forma de opresión social, incluyendo este horrible pecado de abuso y discriminación de género. Los verdaderos hombres no menosprecian a las mujeres. Los verdaderos hombres luchan por ellas. Nuestras madres, hermanas e hijas necesitan elevar sus voces. Ya han sufrido demasiado.

Hablemos de esto

1. ¿Estaba usted consciente de este problema de violencia contra las mujeres? ¿Cómo se enteró de él?
2. ¿Cómo lo hacen sentir estas estadísticas sobre la violencia de género?
3. ¿Hay algo que usted pueda hacer en su iglesia, comunidad o en algún lugar para hacer frente a este problema?

Una visión bíblica del género

Una de las principales razones por las que prevalece la violencia contra la mujer es porque los hombres creen que son superiores. Existen varios términos para esta actitud. Algunos la llaman *chovinismo*, una palabra que deriva del nombre de un soldado francés, Nicolás Chauvin, que era fanáticamente leal a Napoleón Bonaparte. Napoleón mismo era un verdadero chovinista. Una vez dijo: "La naturaleza hizo a las mujeres para que fueran nuestras esclavas. Son nuestra propiedad".

En América Latina, esta actitud se llama *machismo*, y no es promovida solamente por los hombres autoritarios, sino también por las mujeres que enseñan a sus hijos que ellos son superiores a las mujeres. El chovinismo también es conocido como una mentalidad patriarcal e incluye la idea de que sólo los hombres pueden dirigir y que las mujeres fueron creadas sólo para tener bebés y servir al hombre.

En última instancia, el orgullo masculino tiene sus raíces en el Jardín del Edén, donde Adán y Eva desobedecieron a Dios y el mundo cayó bajo la maldición del pecado. Antes de la caída, Adán y Eva gozaban de una relación perfecta, íntima, sin vergüenza ni disfunción alguna. Después de la caída, el hombre comenzó a dominar a la mujer, y su vida fue más dolorosa. Adán culpó a su mujer por haber sido engañado, aunque él aceptó rebelarse contra Dios por propia voluntad. El Señor le dijo esto a la mujer en Génesis 3:16:

> A la mujer dijo: Multiplicaré en gran manera los dolores en tus preñeces; con dolor darás a luz los hijos; y tu deseo será para tu marido, y él se enseñoreará de ti.

No tiene que buscar demasiado para ver Génesis 3:16 en funcionamiento en el mundo. En cada cultura de la tierra, especialmente en aquellas en las que el evangelio de Jesucristo jamás ha sido predicado, las mujeres sufren bajo la dominación de los hombres.

Si examina las religiones del mundo, encontrará que todas, excepto el cristianismo, denigran a las mujeres y las colocan en un lugar desventajoso de servidumbre. En las culturas islámicas, especialmente donde se impone la ley de la Sharia, las mujeres no gozan de derechos civiles y ni siquiera se les permite conducir un auto. En las culturas hindúes, las mujeres sufren una discriminación inimaginable. Durante siglos, de hecho, la esposa hindú cuyo esposo había muerto debía suicidarse arrojándose sobre su pira funeraria. En el mormonismo, a las mujeres cuyos "matrimonios celestiales" son sellados en ceremonias en el templo, se les dice que la única forma en que pueden alcanzar la salvación eterna es teniendo bebés.

El cristianismo ofrece un mensaje único y revolucionario que otorga poder a la mujer, y la Biblia llama a los hombrees a tratar a las mujeres como a sus iguales. Jesucristo, que mostró una maravillosa compasión por las mujeres durante su ministerio terrenal y las llamó a ser sus seguidoras, anuló la dolorosa realidad de Génesis 3:16. ¡Me gusta predicar que Génesis 3:16 fue anulado por Juan 3:16! Cuando Cristo vino al mundo como el Unigénito Hijo de Dios para salvarnos, abrió el camino para que los hombres fueran liberados de su orgullo y las mujeres fueran sanadas de la violencia y el abuso.

Por supuesto, los propios líderes cristianos no siempre han estado totalmente libres del orgullo masculino. La iglesia no siempre ha reflejado el corazón de Cristo. Algunos líderes, aún hoy, imponen sus propias interpretaciones parcializadas y erradas de las Escrituras y esto ha causado mucho dolor en las vidas de las mujeres cristianas de todo el mundo. Por eso es tan importante para nosotros regresar a las Escrituras y recuperar lo que la Biblia dice realmente sobre este tema, en lugar de repetir como loros tradiciones religiosas que nos fueron transmitidas.

He aquí siete verdades importantes acerca del género, que han sido claramente articuladas en las Escrituras. Usted puede dejar que la Palabra de Dios renueve su mente. Estos principios ayudarán a liberarlo del pesado yugo del orgullo masculino.

1. Hombres y mujeres fueron creados por Dios con el mismo valor.

El primer relato de la Creación en Génesis 1 dice que Dios creó al hombre y a la mujer a su imagen y semejanza. Génesis 1:26–27 dice:

> Entonces dijo Dios: Hagamos al hombre a nuestra imagen, conforme a nuestra semejanza; y señoree en los peces del mar, en las aves de los cielos, en las bestias, en toda la tierra, y en todo animal que se arrastra sobre la tierra. Y creó Dios al hombre a su imagen, a imagen de Dios lo creó; varón y hembra los creó.

En la antigua Grecia, filósofos como Aristóteles y otros creían que los hombres fueron creados de la sustancia divina de los dioses, mientras que las mujeres fueron creadas de la sustancia inferior de los animales. La visión judeo-cristiana del género contrasta completamente con este pensamiento pagano griego. En el primer capítulo de la Biblia vemos que los hombres y las mujeres fueron creados como iguales.

El cuadro que se pinta en este pasaje es el de dos compañeros iguales que andan lado a lado. Luego, en la descripción de la creación de Eva en Génesis 2 se nos dice que fue tomada del costado de Adán. Vale la pena observar que Dios no tomó a la mujer de su cabeza (para que ella gobierne sobre él) ni de sus pies (para que él gobierne sobre ella). La intención de Dios para el matrimonio siempre ha sido la intimidad, el afecto y el compañerismo.

2. En su perfección original, tanto al hombre como a la mujer se les ha dado autoridad.

Algunos cristianos todavía creen que las mujeres nunca pueden tener autoridad espiritual. Pero a través de las Escrituras, tanto en el Antiguo como en el Nuevo Testamento, vemos que Dios ungió a ciertas mujeres con dones de liderazgo. Génesis 1:28 dice:

> Y los bendijo Dios, y les dijo: Fructificad y multiplicaos; llenad la tierra, y sojuzgadla, y señoread en los peces del mar, en las aves de los cielos, y en todas las bestias que se mueven sobre la tierra.

La palabra *sojuzgar* en este pasaje es la palabra hebrea *kabásh*, que significa: "someter, oprimir, subyugar, dominar, vencer". ¡A las mujeres también se las llama a realizar esto! Éste fue siempre el plan de Dios: que los hombres y las mujeres gobiernen juntos para que su reino avance.

Por supuesto, la caída de Adán y Eva en el Jardín del Edén fue un inmenso revés. Pero cuando Cristo vino y pagó el precio total de nuestros pecados, realizó una restauración total. Ahora, por causa de su redención, los hombres *y* las mujeres pueden caminar otra vez en autoridad divina.

3. Dios nunca pretendió que la mujer fuera considerada como un apéndice o una sierva del hombre.

Se menciona a la mujer en Génesis 2:18 como la "ayuda" del hombre. ¿Qué significa esa palabra? Si tenemos machismo en nuestros corazones, podríamos estar tentados a creer que Dios le dio la mujer a Adán sólo para que ella le recogiera las medias, le preparara la cena y atendiera sus necesidades sexuales cuando a él le placiera.

Pero en realidad la palabra *ayuda* no implica sumisión o inferioridad. En cambio, este pasaje muestra que el hombre estaba totalmente incompleto sin la mujer y que no podía realizar su misión divina sin ella. El pasaje dice:

> Y dijo Jehová Dios: No es bueno que el hombre esté solo; le haré ayuda idónea para él.

Esta palabra *ayuda* viene del término hebreo *ézer*, ¡que en realidad se usa para referirse a Dios más de quince veces en el Antiguo Testamento! Por supuesto sabemos que Dios es nuestro ayudador, pero nunca podríamos pensar en Él como en alguien inferior a nosotros. Tampoco deberíamos pensar en la mujer como inferior o de segunda clase sólo porque Eva fue creada después que Adán. (Después de todo, Adán fue creado después que Dios hizo a los animales, ¡pero no consideramos al hombre como inferior a los animales!)

4. Dios no valora más a los niños que a las niñas, así que nosotros tampoco deberíamos hacerlo.

En muchas culturas del mundo, las niñas sufren una inmensa desventaja. En la India, por ejemplo, muchas familias eligen el aborto si el ultrasonido muestra que su bebé es una niña. En muchas culturas los varones son considerados más valiosos porque al crecer serán más productivos financieramente. Pero no es así como Dios veía a las niñas.

En el libro de Números, leemos sobre cinco mujeres que eran hijas de un hombre llamado Zelofehad. Este hombre había muerto sin herederos masculinos, y la tradición de Israel decía que un hombre que sólo tuviera hijas no dejaría derechos sobre la tierra a su familia. Sin embargo, cuando estas mujeres fueron a protestar ante Moisés, él le preguntó a Dios qué hacer. Números 27:6–7 dice:

> Y Jehová respondió a Moisés, diciendo: Bien dicen las hijas de Zelofehad; les darás la posesión de una heredad entre los hermanos de su padre, y traspasarás la heredad de su padre a ellas.

Ese momento cambió el curso de la vida entre los hijos de Israel. Dios contradijo las tradiciones patriarcales de aquel tiempo y favoreció con su decisión a las hijas de Zelofehad. Él dejó en claro que las mujeres realmente tienen el mismo valor ante sus ojos.

5. Jesucristo fue modelo de una actitud hacia las mujeres completamente diferente de la que practicaban los líderes religiosos de su tiempo.

Cuando comenzó su ministerio, Jesús desafió las reglas religiosas y culturales de una cultura dominada por los hombres. Mientras otros rabinos creían que era inapropiado enseñar la Biblia a las mujeres, Jesús llamó a su discípula María a sentarse a sus pies. Mientras que otros líderes religiosos se negaban a acercarse a las mujeres que estuvieran con flujo de sangre, Jesús sanó a una. Mientras que los fariseos rechazaban a los samaritanos y a las mujeres divorciadas, Jesús tuvo compasión por la samaritana divorciada y la nombró evangelista.

El enfoque del ministerio de Jesús fue radical para su tiempo. Si un líder judío veía a una mujer acercándose por la calle, tenía que cruzar la calzada para evitarla. Pero Jesús se salió de su camino para hacerse amigo de las mujeres, aún de las que eran marginadas por la sociedad. También permitió que un grupo de mujeres viajara con su séquito (Lucas 8:1–3), y esas mismas mujeres se convirtieron en las primeras testigos de su resurrección, en una época en que a las mujeres ni siquiera se les permitía testificar en una corte de justicia.

6. El Nuevo Testamento llama a los hombres a tratar a las mujeres como a iguales.

En el primer siglo, el matrimonio era una dolorosa prisión para las mujeres. Los esposos veían a sus esposas como su propiedad. Las mujeres no tenían derecho a solicitar el divorcio y no tenían ninguna protección contra la violencia. Sin embargo, en esta cultura dominada por los hombres, el apóstol Pablo les escribió a los efesios una epístola que contiene la descripción del matrimonio más revolucionaria que jamás se haya escrito. Pablo explica que el matrimonio no tiene jerarquías sino una relación que celebra la igualdad, la tierna intimidad y la unanimidad del corazón. Les da estas instrucciones a los esposos en Efesios 5:25 y 28:

> Maridos, amad a vuestras mujeres, así como Cristo amó a la iglesia, y se entregó a sí mismo por ella. Así también los maridos deben amar a sus mujeres como a sus mismos cuerpos. El que ama a su mujer, a sí mismo se ama.

Pablo también desafía a la iglesia de Corinto con otra idea radical sobre el matrimonio. Les dice que los hombres y las mujeres tienen la misma autoridad sobre el cuerpo del otro en lo que se refiere al sexo. Este concepto cala hondo en el corazón de la cultura patriarcal, porque los hombres creían que tenían derecho a demandar sexo de sus esposas cuando ellos quisieran. Pablo dijo:

> El marido cumpla con la mujer el deber conyugal, y asimismo la mujer con el marido. La mujer no tiene potestad sobre su propio cuerpo, sino el marido; ni tampoco tiene el marido potestad sobre su propio cuerpo, sino la mujer.
> —1 Corintios 7:3–4

Este pasaje ofrece la esencia de las enseñanzas sobre el matrimonio en el Nuevo Testamento. Claramente, si Dios desea una actitud de sumisión mutua y de igualdad en el área sexual, que yace en el corazón mismo de la relación entre hombre y mujer, entonces también desea que esposos y esposas se traten con esa misma actitud en cada una de las demás áreas de su vida.

7. El Espíritu Santo confiere poder tanto a hombres como a mujeres para ejercer el ministerio.

Cuando el Espíritu Santo fue derramado en la iglesia primitiva en Pentecostés, tanto los hombres como las mujeres seguidores de Cristo estaban juntos en el Aposento Alto. La Biblia dice que una llama de fuego cayó sobre cada persona. No dice que los hombres tenían llamas azules mientras que las mujeres tenían llamas rosas. El mismo poder santo cayó sobre hombres y mujeres por igual.

Después de ese dramático encuentro, tanto hombres como mujeres comenzaron a predicar el evangelio con poder. Felipe, el evangelista, tenía cuatro hijas que eran profetas (Hechos 21:9). Un matrimonio, Priscilla y Aquila, viajó con Pablo y enseñaba la Palabra de Dios (Hechos 18:24–26). Pablo recomendó a una mujer llamada Febe para el ministerio porque era una eficaz diaconisa de la iglesia (Romanos 16:1–2).

En todos sus escritos Pablo deja en claro que los dones del Espíritu Santo no son dados en base al género, la raza ni el estado financiero. Dios unge a quien Él quiere. En ningún lugar de las Escrituras se asocia a los dones espirituales con el género. De hecho, Pablo dijo a los gálatas:

> Ya no hay judío ni griego; no hay esclavo ni libre; no hay varón ni mujer; porque todos vosotros sois uno en Cristo Jesús.
>
> —Gálatas 3:28

Bajo el antiguo pacto, sólo los varones judíos de la tribu de Leví que tuvieran entre veinticinco y cincuenta años podían servir como sacerdotes en el tabernáculo. Pero todo eso cambió cuando Jesús vino. Por su muerte en la cruz y por el derramamiento del Espíritu Santo en Pentecostés, todas las restricciones relacionadas con la edad, la clase, la raza y el género fueron quitadas. Hoy, Cristo tiene un nuevo "sacerdocio santo" (1 Pedro 2:9) que está formado tanto por hombres como por mujeres de cada lenguaje, tribu y nación.

Hablemos de esto

1. ¿Cómo explica usted que haya tanta violencia y abuso hacia las mujeres en el mundo? ¿Hay alguna raíz espiritual para que esto suceda?
2. ¿Qué quiso decir Dios cuando llamó a Eva "ayuda"? ¿Ha tratado alguna vez a su esposa, o a las mujeres en general, como a alguien inferior?
3. ¿Qué cree usted que significa amar a su esposa "como Cristo ama a la Iglesia"?
4. Los feministas seculares algunas veces demandan los derechos de la mujer con enojo y utilizan un lenguaje burdo para describir al hombre. ¿En qué difiere esta forma de feminismo cargado de furia de la visión bíblica sobre la igualdad de los sexos?
5. El apóstol Pablo tenía en su equipo ministerial a muchas mujeres, como Febe, Priscilla, Evodia y Síntique. Sin embargo, parecería que en algunas ocasiones les ponía límites a las mujeres, como cuando les dijo que se mantuvieran calladas en la iglesia (1 Corintios 14:34–35). ¿Cómo explica eso?

Oremos por esto

Padre, no quiero que haya chovinismo ni orgullo machista en mi corazón. Por favor, quiebra la dureza de mi corazón. Perdóname por cualquier ocasión en la que haya maltratado a mi esposa o a alguna otra mujer. Quiero tener el corazón de Cristo, que trató con respeto, dignidad y compasión a las mujeres y las reconoció como sus iguales. En el nombre de Jesús, amén.

¿Mi padre? Nunca lo conocí. Nunca vi una foto de él.[1]

—RAPERO EMINEM

Como mánager mi padre era un genio. Pero lo que yo quería era un padre.[2]

—CANTANTE POP MICHAEL JACKSON

El noventa por ciento de los hombres que están en el pabellón de la muerte odia a su padre.[3]

—DAVE SIMMONS
AUTOR DE: *DAD, THE FAMILY COUNSELOR*
(PAPÁ, EL CONSEJERO FAMILIAR)

Nunca conocí a mi padre, pero el viejo televisor siempre estaba allí para mí.[4]

—Jim Carrey
como "Chip Douglas" en Dr. Cable

No conocí a mi padre, él nos abandonó antes de que yo naciera. Ni siquiera conozco su nombre, y por eso tengo estos tatuajes. Este quiere decir "padre" (señala el lado derecho de su cuello) y este significa "muerte" (lado izquierdo del cuello). Antes me molestaba mucho, y luego me dije: "Olvídalo". No voy a pensar demasiado en eso.[5]

—COREY TAYLOR,
VOCALISTA DE LA BANDA METÁLICA SLIPKNOT

UN HOMBRE NO PUEDE TENER UNA BUENA RELACIÓN CON SU PADRE.

La gente se burlaba del nombre de Jack Frost*, pero el hombre no tenía absolutamente nada de frío. Aunque sus admiradores amaban sus enseñanzas, lo que más recuerdan de él es su tierno abrazo.

Cuando el popular maestro de la Biblia terminaba sus largos sermones, siempre invitaba a las personas a pasar al altar para recibir los que él llamaba "un bautismo del amor del Padre". Él junto a los otros miembros de su equipo ministerial se ponían frente a la audiencia, y los asistentes forman filas para recibir un gran abrazo.

Los adoradores se quedaban horas en la iglesia para "empaparse" de la presencia de Dios después de escuchar el mensaje de Jack. Los hombres abrazaban a otros hombres, y las mujeres abrazaban a las mujeres, mientras el equipo de alabanza tocaba una suave música de fondo. No había nada sexual en estas situaciones. Era como si el amor de Dios se volviera algo tangible. A

* Frost en inglés significa "helar"; y Jack Frost es también el nombre de un personaje de historietas que es un gato de nieve.

veces hombres grandes, como de sesenta años, sollozaban como bebés cuando Jack los envolvía entre sus corpulentos brazos.

Me alegra haber sido una de las personas que recibió un abrazo de parte de Jack antes de que muriera prematuramente en 2007 a los cincuenta y cuatro años, luego de una ardua batalla contra el cáncer. Él dejó un rico legado espiritual, que ha quedado registrado en sus libros y en la gran cantidad de gente que entrenó en la iglesia de Siloé (Shiloh Place), su base ministerial cerca de Myrtle Beach, en Carolina del Sur.

Houston Miles, un pastor que sirvió junto a Jack durante muchos años, me dijo la semana de su funeral: "En todos los lugares donde Jack predicaba, los altares estaban llenos de personas que no habían recibido el amor que necesitaron mientras crecían. Él logró mucho más en diez años de ministerio que lo que mucha gente logra en toda su vida".

El mensaje de Jack Frost era simple y profundo. Utilizaba sus propias experiencias de vida—incluyendo sus fracasos y debilidades—para mostrarle a la gente que el amor incondicional de Dios puede sanar los efectos del rechazo, el abuso, el descuido y la vergüenza. Como teólogo práctico y consejero, él entendía el corazón humano y su profunda necesidad de aceptación y aprobación.

A los hombres les resultaba fácil relacionarse con Jack, un hombre de facciones duras que había pasado su vida navegando embarcaciones desde la costa sudeste de Estados Unidos, con lo que se ganó el codiciado título de "Top Hook". Él hablaba abiertamente de su relación disfuncional con su propio padre, para quien el rendimiento era tan importante, y cómo ese conflicto le había hecho ver a Dios como a alguien distante, estricto y legalista.

La pasión de Jack era ayudar a los cristianos a renunciar a su visión distorsionada de Dios, para que pudieran experimentar su intimidad y afecto. En su primer libro *Experiencing the Father's Embrace* (Experimentar el abrazo del Padre), utilizó investigaciones científicas para demostrar que los seres humanos necesitan ser amados para lograr desarrollarse. "Los científicos han comprobado que los seres humanos son cuatro a siete veces más proclives a sucumbir a la enfermedad si no tienen una dosis normal de cuidados amorosos", escribió.[6]

En 1993 Jack decidió comenzar a dar ese amor divino en dosis descomunales. Junto a su esposa, Trisha, creó Shiloh Place (El estanque de Siloé) como un refugio para pastores agotados y para cualquiera que necesitara sanidad emocional. Compartió su mensaje durante más de quince años en distintas conferencias y seminarios.

En el verano del 2001 fui a Toronto, Canadá con Jack, en un viaje ministerial, principalmente para ayudarlo a hacer un bosquejo de su primer libro. Después de escucharlo durante cinco días, sus enseñanzas sobre el amor del Padre empaparon mi alma y se convirtieron en parte de mi propio mensaje de vida. De hecho, hubo ocasiones en que seguí el ejemplo de Jack y le pedí a la gente que pasara al altar para recibir un abrazo de sanidad, especialmente cuando se trataba de hombres que jamás habían conocido la aprobación de sus propios padres.

Una semana antes del funeral de Jack abracé a un joven chino en el altar, en una iglesia en Singapur. Cuando le pedí al Espíritu Santo que le revelara la profundidad del amor de Dios, me incliné hacia atrás y me di cuenta de que todo el lado derecho de mi camisa estaba empapado con sus lágrimas. Recordé a Jack Frost y cómo me había enseñado que el amor de Dios no es sólo una doctrina ni una filosofía. Es algo tangible que fluye del Espíritu Santo a través de su pueblo hacia los que necesitan desesperadamente saber que son valiosos e importantes para alguien.

Conocer a Dios como su Padre

El apóstol Juan habló más de la relación con Dios como Padre que cualquier otro escritor de la Biblia. Hay 112 referencias a Dios como "Padre" en el Evangelio de Juan (comparadas con las 44 que hay en el de Mateo, 5 en el de Marcos y 14 en el de Lucas), y otras 17 referencias al Padre en las epístolas de Juan.

He reflexionado muchas veces sobre por qué Juan habla tanto de la paternidad de Dios y por qué parecía entender mejor que cualquier otro discípulo que Jesucristo es la personificación del Padre en la tierra. Juan cita a Jesús diciendo: "Yo y el Padre uno somos" (Juan 10:30), y "Creedme que yo soy en el Padre y el Padre en mí" (Juan 14:11). Juan no sólo entendía que Jesús era Dios, sino que también tenía una profunda revelación de la medida en que Dios, que está en Cristo, es un Padre perfecto.

Juan se refirió a sí mismo como "el discípulo a quien Jesús amaba" (Juan 13:23, NVI). Por esto se menciona a veces a Juan como el mejor amigo de Jesús. No significa que Jesús amara más a Juan que a sus otros discípulos, pero da a entender que Juan quizá entendía el amor del Salvador en un nivel más profundo. ¿Por qué sucede eso?

La Biblia no lo dice. Desde luego, no sabemos mucho sobre la vida de Juan. Es posible que no tuviera una buena relación con su propio padre y que Jesús en realidad haya suplido ese rol en su vida como un verdadero padre espiritual. Quizá fuera la profunda necesidad de Juan de tener un padre amoroso lo que lo llevó a seguir apasionadamente a Jesús. Tal vez sea por eso que hasta estuvo dispuesto a quedarse cerca de la cruz en el Calvario cuando Jesús estaba muriendo, mientras todos los demás discípulos hombres habían huido de los soldados romanos y de los líderes judíos. Y podría incluso ser la razón por la cual Juan tuvo el privilegio de tener la "última palabra" al escribir el último libro de la Biblia: el libro del Apocalipsis. Una cosa es segura: Si usted conoce el amor de Dios de una forma profundamente personal, ese perfecto amor lo transformará. El tema del apóstol Juan se resume en 1 Juan 3:1:

> Mirad cuál amor nos ha dado el Padre, para que seamos llamados hijos de Dios; por esto el mundo no nos conoce, porque no le conoció a Él.

Se nos exhorta a abrir nuestros corazones y ampliar nuestra imaginación para comprender el maravilloso amor de nuestro Padre celestial. Su amor es verdaderamente insondable (Efesios 3:8, RV 95), y aún así Juan y otros escritores del Nuevo Testamento nos exhortan a por lo menos intentar medir su anchura, longitud, profundidad y altura. La Biblia es prácticamente una mina de oro de la revelación del gran amor del Padre. Nos dice:

- Vuestro Padre sabe de qué cosas tenéis necesidad, antes que vosotros le pidáis (Mateo 6:8). Él es extremadamente generoso con sus hijos. El Padre está ansioso por perdonar a sus hijos desobedientes con tal que vuelvan a tener comunión con Él (Lucas 15:11–24). Él no nos guarda rencor. Nos acepta por completo, a pesar de nuestras fallas.
- El Padre busca adoradores (Juan 4:23). En otras palabras, Él desea una comunión íntima con nosotros. Nos busca, incluso cuando nos rebelamos contra Él.
- El Padre se acercará a quienquiera que crea en su Hijo, Jesús (Juan 16:23). Él respeta los términos de la relación de pacto y promete no abandonarnos jamás.
- Es llamado "Padre de misericordias y Dios de toda consolación" (2 Corintios 1:3), que significa que es rápido para perdonar nuestras faltas, para consolarnos en tiempos de dificultad y para restaurarnos si hemos fallado. Aunque es fuerte, también es tierno y comprensivo.
- Dios envía un clamor a nuestros corazones que grita: "Abba, Padre" (Gálatas 4:6). Esto significa que el mismo Dios coloca la necesidad de su amor en nuestras almas. Quiere que nos relacionemos con Él como un hijo se relaciona con su padre.
- El Padre y el Hijo tienen una relación perfecta, y nos invitan a unirnos a esa comunión (1 Juan 1:3). Dios no es egoísta con su amor. Está deseoso de compartirlo con nosotros.

A muchos hombres, sin embargo, la palabra *padre* les golpea una fibra sensible. No evoca sentimientos agradables. Muchos hombres sufren lo que se ha dado en llamar "el dolor del padre". Muchos hombres tienen un profundo vacío en sus almas porque sus padres les fallaron de una u otra forma. Se suponía que los padres debían equiparnos para la vida dándonos lo siguiente:

1. Sano afecto masculino para hacernos sentir seguros y emocionalmente saludables. (Esto incluye la afirmación verbal tanto como el afecto no verbal)
2. Protección para que podamos crecer y convertirnos en audaces que se atreven a correr riesgos.
3. Guía y consejo para ayudarnos a desarrollar sabiduría de Dios y tomar decisiones correctas en la vida, las finanzas, la carrera, el matrimonio y la familia.
4. Disciplina amorosa para que podamos conocer nuestros límites morales.
5. Aprobación incondicional y aliento para que podamos desarrollar la misión que Dios nos encomendó.
6. Provisión generosa para que no sólo seamos bendecidos, sino que seamos también de bendición para otros.

Sin la bendición del padre, un hombre se sentirá menos hombre. La falta de un padre amoroso deja un vacío en nuestro corazón. Puede llevar a algunos hombres a la adicción a las drogas o el alcohol porque necesitan insensibilizar ese dolor. Los hombres que nunca han sentido la aprobación de su padre pueden volverse estresados, trabajadores compulsivos que tratan desesperadamente de probar ante los demás que son valiosos. Los hombres que tuvieron padres que les dieron malos ejemplos morales con frecuencia escogerán una vida de inmoralidad.

Los hombres que nunca han experimentado la disciplina a menudo se ven envueltos en situaciones violentas y en crímenes y a veces pueden terminar en la cárcel. Y los hombres que jamás experimentaron alguna manifestación de afecto físico de parte de su padre a veces desarrollan inclinaciones homosexuales, todo porque durante su niñez necesitaron ser abrazados por los fuertes brazos de su padre y nunca lo consiguieron.

Muchos hombres incluso crecen odiando a sus padres por la manera en que les fallaron. Y este colapso familiar termina siendo perpetuado de una generación a la siguiente. El último pasaje del Antiguo Testamento habla de esta crisis generacional. Dice Malaquías 4:5–6:

> He aquí, yo os envío el profeta Elías, antes que venga el día de Jehová, grande y terrible. El hará volver el corazón de los padres hacia los hijos, y el corazón de los hijos hacia los padres, no sea que yo venga y hiera la tierra con maldición.

La referencia a Elías en esta promesa se refiere a Jesucristo, que ofreció la única solución a esta trágica división entre padres e hijos. Sólo por medio de Cristo los padres pueden cumplir con sus obligaciones para con sus hijos y sólo por medio de Cristo los hijos heridos pueden encontrar la gracia para perdonar a sus padres por sus errores. Jesús ofrece un camino verdadero para la sanidad de la herida de un padre.

Hablemos de esto

1. Cuando piensa en su padre, ¿cuáles son las palabras que primero vienen a su mente? ¿Cómo lo describiría honestamente?
2. Si usted es padre ahora, ¿en qué cree que se diferencia su estilo de paternidad respecto del de su padre? Si aún no es padre, ¿en qué le gustaría que se diferenciara su estilo de paternidad respecto al de su padre?
3. Estudie la lista de seis deberes de un padre mencionada anteriormente. ¿Cuáles de ellas cumplió mejor su padre? Explique por qué.
4. Describa un tiempo en que se sintió especialmente cerca de su padre, ya sea de niño o como adulto. ¿Por qué fue tan especial ese tiempo?

Sanar la herida del padre

Los consejeros cristianos suelen utilizar la frase "herida del padre" para describir el dolor que sentimos por lo que nuestros padres hayan hecho mal o se hayan negado a hacer por nosotros. Estas heridas pueden ser especialmente dolorosas si hemos experimentado alguna clase de abuso durante nuestros años de formación. Si usted tuvo un padre aceptable que amaba a su madre, le proveía un techo sobre su cabeza, lo mantenía bien alimentado, y hasta iba a verlo cuando jugaba al fútbol, tocaba en la banda de música, o asistía a las ceremonias de graduación en la escuela secundaria, entonces usted se encuentra entre una minoría de hombres que crecieron en una familia intacta. Muchos, muchos muchachos no tuvieron esa bendición.

Durante años, los líderes de la Iglesia, educadores y sociólogos le han estado advirtiendo a los estadounidenses sobre la alarmante erosión de la familia en los Estados Unidos. He aquí algunas de las desalentadoras estadísticas:

- La disminución de los matrimonios ha sido el cambio demográfico más significativo en los Estados Unidos desde que terminó la Segunda Guerra Mundial, según un estudio sobre la crisis en la familia realizado por el Dr. Michael Rendall de la Universidad de Ecología Humana de Cornell (College of Human Ecology at Cornell University).[7]
- En 1960 había setenta y cuatro matrimonios por cada mil mujeres no casadas y nueve divorcios por cada mil mujeres casadas. Para 1991, había cincuenta y cuatro matrimonios por cada mil mujeres no casadas y veintiún divorcios por cada mil mujeres casadas. La tasa de matrimonios cayó en un 25%, mientras que la tasa de divorcios creció en un 230%.[8]
- Los Estados Unidos tienen hoy la tasa más alta de divorcios de todo el mundo. La mitad de los primeros matrimonios de este país termina en divorcio y la tasa de divorcios en segundas nupcias es aún más alta.
- Más de un millón de niños inocentes se convierten cada año en víctimas del divorcio.
- En 2010, alrededor del 40% de los niños americanos nacieron fuera del matrimonio.[9]

Estas estadísticas, por supuesto, sólo resaltan el problema de la orfandad. Otros problemas yacen bajo la superficie en las familias con padres disfuncionales. ¿Qué clase de padre tuvo usted? Puede que encaje en alguna de estas categorías.

1. El padre disciplinador

Algunos hombres crecen en familias en las que el padre es severo, estricto y muy exigente. Podría ser así porque tiene grandes aspiraciones para sus hijos. Pero al exigirles un nivel tan alto (por ejemplo, un comportamiento moral perfecto, buenas notas, o superioridad en los deportes), el padre claramente da a entender que su amor hacia su hijo está condicionado a todo esto. Dependiendo de cuál sea la personalidad del hijo, este tipo de paternidad que enfatiza el rendimiento puede abatir a un muchacho o convertirlo en un rebelde.

En la película de 1989, *La sociedad de los poetas muertos*, un adolescente llamado Neil Perry es enviado por su autoritario padre a una escuela privada muy exclusiva para varones con la ilusión de que el muchacho seguirá sus pasos y se convertirá en doctor.[10] Pero el inconformista profesor de lengua inglesa de Neil, el Sr. Keating, lo alienta a que haga una prueba para la obra de teatro de la escuela y el chico descubre que ama a Shakespeare. Termina haciendo el rol de Puck en *El sueño de una noche de verano*.

La historia termina trágicamente cuando el padre de Neil lo amenaza con sacarlo de la escuela, todo porque no quiere que su hijo explore esa carrera que él no aprueba. Lo que Neil más deseaba era la aprobación de su padre y anhelaba que él aplaudiera su actuación en la obra. Pero lo que obtiene de su padre es un continuo aluvión de ceños fruncidos, intimidaciones, amenazas y sermones. La negatividad es tan dolorosa para Neil que termina suicidándose con un revólver que encuentra en el escritorio de su padre.

Este es sólo un ejemplo de ficción, pero cuando el amor del padre va acompañado de condiciones, su hijo se debatirá entre toda clase de emociones, que incluyen ira, odio hacia sí mismo e inseguridad. Un hijo que desespera por la aprobación de su padre pasará el resto de su vida tratando de lograr esa aprobación de las demás personas.

2. El padre pasivo

Mientras que el padre disciplinador es demasiado estricto y exigente, el pasivo está en el otro extremo. Puede estar en la casa durante todo el día, pero jamás le brindará a su hijo un consejo, asesoramiento, ni corrección. A veces sucede esto cuando el padre sufre una larga enfermedad o alguna clase de problema emocional serio. Pero otros padres saludables son incapaces de proporcionar la disciplina firme y protectora que cada niño necesita.

Los psicólogos han comprobado que los niños se sienten más protegidos cuando tienen límites claros. Si se les permite andar salvajemente se transforman en personas nerviosas, inseguras, temerosas, y también alborotadoras e imprevisibles. Dios nos diseñó con necesidad de límites morales y nuestros padres tienen la responsabilidad de proveernos esta disciplina con amor.

Cuando los niños son pequeños necesitan disciplina física: palizas. Algunos estudiosos del comportamiento moderno tienen la teoría de que dar una paliza a un niño lo llevará a convertirse en violento, pero he visto lo contrario. Cuando el padre utiliza el castigo físico de manera amorosa para con su hijo, siempre se produce un cambio de conducta positivo.

La disciplina siempre debe ser administrada cuidadosamente. Cuando les daba una paliza a mis hijas, cuando eran chicas, siempre las llevaba a su habitación y les hablaba en privado primero. Jamás les pegué frente a otros para no avergonzarlas. Les explicaba que habían hecho algo malo y por qué era necesario que las corrigiera. Luego le pegaba unas cuantas veces con una regla pequeña o con una cuchara de madera. Ellas lloraban, pero luego de darles su castigo yo siempre las abrazaba y les aseguraba que papito las amaba.

Todo niño necesita esta clase de corrección amorosa. Si el padre es debilucho, indulgente o indiferente respecto al comportamiento de sus hijos, pagará por ello más tarde. Además, un hijo que nunca es disciplinado por su padre terminará por sentirse mal porque lo dejó crecer fuera de control.

3. El padre abusivo

Mi amigo Medad es un pastor de Uganda, en el este de África. Si usted lo conociera hoy pensaría que es una de las personas más amorosas y emocionalmente equilibradas que jamás haya visto. Por eso me asombró tanto cuando supe los horrores que había experimentado mientras crecía con un padre tirano.

La madre de Medad había tenido cinco hijas antes de quedar embarazada de él. Pero como muchos hombres de Uganda, el padre de Medad no quería tener hijas. Estaba enojado porque su esposa seguía dando a luz mujeres. Cuando Medad estaba en el vientre de su madre, su padre la pateó y la golpeó siete veces para hacer que abortara, pero milagrosamente Medad nació sin complicaciones.

Después de su nacimiento, la madre de Medad tuvo otras cuatro hijas y esto enojó aún más a su padre. Para castigar a su esposa él se casó con cinco esposas más y tuvo un total de treinta y dos hijos. (La poligamia es legal y muy común en partes de Uganda). Cuando el padre se fue haciendo más viejo, enfrentó dificultades económicas y se tornó más y más violento. A menudo golpeaba a Medad con una vara que usaba primero para castigar a su esposa. Todavía hoy Medad lleva las cicatrices de aquellas golpizas en su pecho, espalda y estómago.

Cuando Medad era adolescente, el padre decidió castigar a su primera esposa y a sus hijos. Les dijo que ella era la causante de todos sus problemas y luego los llevó a ella, a Medad y a sus hermanas a un área rural y los abandonó a la vera de un camino. Antes de volver a arrancar su vehículo, tomó algunas cenizas de un balde y los maldijo a todos. "Ésta es su herencia" les dijo el padre, y arrojó las cenizas al aire. "No les dejo tierra, casas ni dinero. Espero que vuelen y se conviertan en nada, al igual que este polvo".

A partir de ese momento, Medad sólo pudo sentir un profundo odio hacia su padre. En la escuela secundaria se involucró con una pandilla violenta y planeaba ser militar para tener su propio revólver. Quería matar a su padre, a sus otras esposas y a todas las personas que lo habían lastimado en la vida. Gracias a Dios la historia no terminó así. Medad conoció a Jesucristo cuando estaba en la universidad y lo primero que hizo después de su conversión fue perdonar a su padre de todo corazón. Muchos años más tarde, después de que su madre y muchas de sus hermanas se convirtieran al cristianismo, todos tuvieron una gloriosa reconciliación.

Pero no todas las historias de abuso tienen finales tan felices. Si su padre era física, emocional o sexualmente abusivo, puede ser que usted siga llevando esas cicatrices profundas. También puede tener una gran carga de culpa, porque los niños que son abusados frecuentemente se culpan a sí mismos por las acciones de sus padres.

4. El padre emocionalmente distante

En muchas culturas el hombre no se siente con libertad para llorar o expresar amor abiertamente. Se les enseña a guardarse sus emociones, generalmente porque sus padres les dicen que mostrar cualquier emoción, excepto el enojo, es una señal de debilidad. Cuando estos hombres crecen, se trasforman prácticamente en estatuas de madera. Realmente pierden la habilidad de sentir compasión, gozo o tristeza.

Se puede ver este fenómeno en algunos países de Europa. Puede no ser un estereotipo exacto, pero los alemanes, suecos, noruegos y británicos, entre otros, suelen caracterizarse por ser estoicos. A veces las mismas iglesias alientan esta actitud, especialmente en ambientes más intelectuales. Es por ello que muchos hombres cristianos crecen en hogares donde sus padres parecen distantes o no participan en las vidas de sus hijos.

Un padre emocionalmente distante puede amar verdaderamente a su hijo, pero se siente impotente para expresar ese amor. No tiene la libertad de tirarse al piso a luchar con él, jugar con su pelo, hacerle cosquillas a la altura de las costillas, tirarlo por el aire, o besarlo en la mejilla a la noche cuando se va a dormir, ni tampoco tiene la capacidad de decir "te amo" o "Papi está orgulloso de ti".

La falta de afecto físico, combinada con la ausencia de afirmación verbal, crea un vacío que crece cuando el muchacho se convierte en adolescente. Pronto, la brecha generacional se convierte en un abismo que se agranda cada año hasta que padre e hijo prácticamente ya ni se comunican. Su relación se reduce a alguna que otra llamada telefónica el día del padre o a conversaciones superficiales sobre deportes o el clima.

Los hijos que no reciben una verdadera demostración de amor de parte de sus padres se sienten carecientes y al crecer pueden sentirse mal con sus padres. También pueden crecer con esa misma inhabilidad para mostrar sus emociones.

5. El padre ausente

La película de 2009, *El lado ciego* es la historia real de Michael Oher, un muchacho afroamericano que no tiene padre, de Memphis, Tennessee, y que cuando creció se convirtió en un legendario tacleador ofensivo del equipo de football americano Baltimore Ravens.[11] Cuando una acaudalada mujer blanca llamada Leigh Anne Tuohy se entera de que "el gran Mike" no tiene dónde vivir, lo invita a quedarse con su esposo y sus dos hijos en su inmaculada casa de los suburbios. Finalmente, la familia Tuohy adopta a Michael y lo ayuda a mejorar sus notas para que pueda jugar al football en el equipo de su escuela secundaria.

El lado ciego es una película que infunde ánimo, más que ninguna otra en tiempos recientes, pero también representa fielmente el dolor que atormenta a tantos hombres que no han tenido a un papá en su casa. En el caso de Mike Oher, no sabe quién fue su padre hasta que el director de su escuela secundaria le dice que está muerto. Y cuando Leigh Anne Tuohy visita a la madre de Mike, adicta al crack, a la mujer hasta le cuesta recordar el nombre del padre de su hijo.

Para Mike Oher, y para miles de muchachos como él, la ausencia de un padre se traduce en pobreza y descuido. También crea sentimientos de abandono, aislamiento y pérdida de la identidad. Muchos muchachos de hogares con un solo padre sienten que Dios los ha abandonado y se cuestionan su propio valor e importancia.

6. El padre adicto

Mi amigo Paul (no es su verdadero nombre) es pastor desde hace casi treinta años. Tiene una esposa maravillosa, dos hijos y un gran sentido del humor. Los miembros de su iglesia valoran la madurez de su liderazgo espiritual. Pero como tantos de nosotros, este hombre tiene un lado oscuro. Él luchaba con profundos sentimientos de inseguridad y rechazo. Cuando le pedí que ubicara con exactitud la raíz de sus problemas, comenzó a compartirme los recuerdos de su padre.

A Paul le angustiaban en particular algunas de las palabras que su padre le decía cuando él sólo tenía siete años. Paul estaba con su hermana en el asiento trasero del auto cuando su padre subió, hizo un gesto hacia su flacucho hijo, y dijo con brusquedad: "¿Hace falta que *él* venga?". Los padres de Paul hablaron un momento y luego su padre le dijo que entrara a la casa. Él se quedó solo en su casa todo el día mientras los padres visitaban a unos amigos.

Años después cuando Paul les pidió a unos amigos cristianos que oraran por este incidente, tuvo que procesar todos esos años en que su padre lo denigró y tuvo un comportamiento abusivo para con él. A veces los comentarios eran sutiles. Su padre lo miraba con el ceño fruncido, lo que quería decir: "No puedes hacer nada bien". Otras veces le tiraba las orejas a Paul o a su hermano sin motivo.

Los niños de esta familia casi no hablaban durante la cena cuando su padre estaba presente. Le temían. A veces el padre de Paul le pinchaba la mano con el tenedor cuando hacía algo malo. Una vez su padre lo hizo sentar en la galería de la entrada con temperatura bajo cero para castigarlo. Recién cuando cumplió catorce años Paul supo el doloroso secreto que su madre escondía: su padre era un alcohólico desde que regresó del servicio militar en la Segunda Guerra Mundial.

Paul me dijo: "Yo no sabía que mi padre tomaba, así que asimilaba todo el dolor como si fuera culpa mía. Supe la verdad cuando mi hermano mayor trajo a mi padre alcoholizado desde su trabajo. Mi papá estaba completamente borracho, y mi mamá lo arrastró hasta el *living* frente a mis dos hermanos más pequeños y a mí y le preguntó: '¿Es ésta la manera en que quieres regresar a casa, donde están tus hijos?' Estoy seguro de que mi mamá era la principal víctima".

La parte más triste de la historia familiar de Paul no es lo que su padre le hizo o le dijo. Es lo que *no hizo* o *no dijo*. Este hombre nunca abrazó a su hijo, nunca jugó con su cabello ni lo besó en la mejilla. No había muestra alguna de afecto. Y jamás le dijo: "Te amo" al niño que añoraba algo de amor.

Aunque parezca mentira, la historia de Paul no termina trágicamente. Él se convirtió en cristiano y finalmente entró al ministerio, y ha ayudado a cientos de personas a experimentar el amor de Dios. Y muchos años después, su padre tuvo un encuentro con Jesucristo que le cambió la vida y fue liberado de la adicción al alcohol. Paul puede decir honestamente que aquel padre cruel que una vez le dijo: "¿Hace falta que *él* venga?", es ahora un hombre transformado. Nuestros padres frecuentemente ayudan a que formemos la manera en que vemos a Dios, ya sea buena o mala. Si usted ha tenido alguna de esta clase de padres disfuncionales, puede ser que también tenga dificultades porque cree que Dios también es así. Debe recordar:

- Quizá su padre haya sido excesivamente estricto y lo disciplinara demasiado, pero el Padre celestial no basa su amor en su rendimiento. Él lo ama aunque usted falle.
- Quizá su padre haya sido pasivo o débil, y tal vez no le haya proporcionado la disciplina que usted necesitaba. Pero su Padre celestial lo ama lo suficiente como para corregirlo. De hecho, la Biblia dice en Hebreos 12:6: "Porque el Señor al que ama, disciplina, y azota a todo el que recibe por hijo".
- Quizá su padre terrenal haya sido abusivo. Tal vez le haya pegado sin piedad, lo desatendía, o quizá hasta abusara sexualmente de usted. Pero su Padre celestial no es un abusador. Él es protector y hace justicia a los que han sido abusados.
- Quizá su padre haya sido emocionalmente distante, pero Dios no oculta su amor. Él está lleno de aliento, alabanza gozosa y amor que ayuda a volver a empezar. Cuando comience a conocer al Padre celestial, descubrirá que Él siempre tiene algo positivo que decir de usted y que está ansioso por prodigarle su afecto.
- Quizá su padre haya estado ausente. Quizá murió cuando usted era pequeño (lo cual no fue culpa suya) o tal vez lo abandonó. Incluso puede haber sido un "padre vago" y no quiso darle a su mamá el dinero

necesario para proveer su comida o vestimenta. Pero su Padre celestial no es así. Él es un Padre generoso y cuida a los suyos.

- Quizá su padre haya tenido que luchar con alguna adicción que cambió su personalidad. Quizá era muy inestable e imprevisible debido al alcohol, las drogas o algún problema emocional. Pero su Padre celestial no es así. Dios jamás es inestable. Él siempre es bueno, siempre es amable, siempre es justo y siempre es amoroso. Él dice: "Porque yo Jehová no cambio" (Malaquías 3:6). Nunca tendrá que preocuparse por el comportamiento de Dios, jamás será errático, volátil ni contradictorio.

Hablemos de esto

1. Describa la vida en su hogar cuando era niño. Si tuvo un papá mientras crecía, cuéntenos cómo era él.
2. Revise la lista de seis padres disfuncionales de la sección anterior. ¿Su padre entra en alguna de estas categorías? (De no ser así, comparta por qué cree que tuvo un buen padre)
3. ¿En qué formas cree usted que el comportamiento de su padre (bueno o malo) lo ha afectado hasta hoy?
4. Si su padre le falló de alguna manera, es extremadamente importante que usted lo perdone de corazón. Medite en la oración que está seguidamente y dígala de todo corazón.

Oremos por esto

Dios, reconozco que hay falta de perdón hacia mi padre en mi corazón. Tu Palabra dice que no puedo recibir tu perdón por mis propios pecados si no estoy dispuesto a perdonar a los demás. Elijo perdonar a mi padre por cualquier cosa que haya hecho que me hirió. Lo libero en tus manos. En el nombre de Jesús, amén.

Llenar los espacios vacíos del padre

Sin importar qué clase de padre haya tenido—disciplinador, pasivo, abusivo, emocionalmente distante, ausente, adicto, o incluso si tuvo un muy buen padre—puede estar seguro de que no era perfecto. Ningún padre puede reflejar completamente la perfección del amor de Dios. Por consiguiente, todos nosotros tenemos deficiencias y heridas en nuestras vidas por causa de una paternidad incompleta.

Sin embargo, Dios no nos deja en esta condición. Él nos ha dejado un camino para que seamos sanados. Esta clase de sanidad no sucede del día a la noche. En realidad, descubrir el amor del Padre celestial es un camino que dura toda la vida. Pero le recomiendo que siga los siguientes pasos:

1. **Asegúrese de haber rendido su vida a Cristo.** El camino hacia la sanidad sólo puede iniciarse después que le haya pedido a Jesús que more en usted. Sólo Él puede sanarlo. Vea la sección titulada "Primero lo primero" al final de la introducción si quiere rendir su vida a Cristo por primera vez.
2. **Identifique la herida que le provocó su padre.** Una herida o una enfermedad no pueden ser tratadas sin un diagnóstico previo. Por medio de la oración y la charla con amigos confiables, determine cómo puede haber resultado herido por las acciones de su padre o por su falta de acción. Asegúrese de deshacerse de todo resentimiento o amargura hacia él. (Asegúrese de perdonar a su madre también. A veces las madres participan en comportamientos similares o apoyan los malos hábitos de los padres).
3. **Comparta su sufrimiento con un pastor o un hermano cristiano maduro.** La Biblia nos dice que "sobrellevemos los unos las cargas de los otros" (Gálatas 6:2). Eso significa que debe ser transparente respecto de sus debilidades o fallas para poder recibir ayuda. Si su papá abusó físicamente de usted, sea abierto sobre el dolor que eso le causa. Si era constantemente reprendido o criticado,

hable de cómo lo hizo sentir eso. Si necesita llorar, deje salir todo ese dolor. Sólo se lastima a usted mismo si se guarda esos sentimientos.

4. **Encuentre un modelo, mentor o padre espiritual.** Ésta puede ser una experiencia increíblemente sanadora. Desde que me convertí en cristiano, Dios ha puesto muchos siervos suyos en mi vida. Algunos tienen mi edad, y otros son mayores. Me relaciono con algunos de ellos como hermanos mayores, con otros como entrenadores, y con otros como padres en la fe. Dios ha utilizado a cada uno de ellos para llenar los vacíos de mi vida espiritual. Ellos me dan consejo, oran por mí, me dan aliento, me corrigen, y—sobre todo—me muestran su amor incondicional.
5. **Busque consejo.** Si usted ha vivido en un hogar extremadamente disfuncional, es muy probable que necesite ayuda profesional. No tenga vergüenza por ello. Algunas de las personas más exitosas del mundo necesitaron consejos para superar conflictos emocionales. Lo importante es que hable con un consejero que base su ayuda en los principios bíblicos. Para encontrar al consejero apropiado, consulte a su pastor o a la oficina local de consejería cristiana.
6. **Satúrese del amor de Dios.** Ninguna persona, ni siquiera el mejor pastor o padre espiritual, puede sanar su corazón tan poderosamente como lo hará su Padre celestial. A menudo Él usará personas para realizar su tarea sanadora. Pero usted debe buscar a Dios para recibir la sanidad que necesita. Cuando pase tiempo leyendo su Palabra, busque señales de su amor hacia usted. Medite en la bondad y la misericordia de Dios.

La principal razón por la que la gente comete errores en la vida es porque no tiene el concepto correcto de Dios. Asegúrese de no tener una visión distorsionada de Dios en su mente. Él no es un abusador. Jamás lo descuidará ni renunciará a usted. Él lo ama, incluso cuando se equivoca. Deje que Dios renueve su mente hasta que usted crea lo que las Escrituras dicen de Él. Si ha creído mentiras sobre Dios, contrarreste esas ideas equivocadas con la verdad que se encuentra en las Escrituras.

Por encima de todo, recuerde que Dios ha prometido que será: "Padre de huérfanos" (Salmo 68:5). Ésa promesa no es sólo para los huérfanos. Cualquier hombre que haya tenido problemas por tener un padre disfuncional puede pedirle a Dios que llene el vacío y haga aquello que su padre terrenal fracasó en hacer.

Es una mentira que usted no puede tener una buena relación con su padre. Si está distanciado de él, el Espíritu Santo puede reconciliarlos. Y si su padre ha muerto o ya no tiene acceso a él (o si usted no sabe dónde está), a pesar de todo es posible que usted tenga una buena relación con un padre espiritual que le ayude a llenar ese vacío.

Sin importar lo que suceda entre usted y su padre terrenal, puede tener una buena relación y comunión con su Padre celestial. Deje que Dios alcance ese lugar dolorido de su corazón. Deje que su amor paternal fuerte y cuidadoso lo nutra hasta que usted crezca y se convierta en el hombre que Dios planeó.

Hablemos de esto

1. ¿Tiene alguna herida específica de su padre? ¿Cómo la identificaría?
2. ¿Puede identificar a algún hombre mayor que pueda ser un mentor o un padre espiritual para usted? ¿Se siente cómodo al buscar relaciones como ésta? ¿Por qué sí o no?
3. ¿Le cuesta creer que Dios es tan bueno como dice ser? Describa sus dudas sobre el carácter de Dios al resto del grupo.

En este país primero hay que tener dinero, cuando tienes el dinero tienes el poder y cuando tienes el poder tienes las mujeres.[1]

—Al Pacino
como Tony Montana en *Scarface*

No era suficiente con ganar un buen sueldo. Quería marcar la diferencia.[2]

—Donald Trump

La codicia es buena.[3]

—Michael Douglas
como Gordon Gekko en *Wall Street*

¡Soy el rey del mundo! [4]

—James Cameron,
al aceptar en 1997 un oscar por su película *Titanic*

El éxito no se mide por lo que el hombre logra, sino por la oposición que ha encontrado y por el valor con el que ha mantenido la lucha contra las probabilidades.[5]

—Charles Lindbergh

No amen al mundo ni nada de lo que hay en él. Si alguien ama al mundo, no tiene el amor del Padre. Porque nada de lo que hay en el mundo—los malos deseos del cuerpo, la codicia de los ojos y la arrogancia de la vida—proviene del Padre sino del mundo.

—1 Juan 2:15–16, nvi

MENTIRA Nº 3

UN VERDADERO HOMBRE SE DEFINE POR EL ÉXITO MATERIAL.

Mi mundo se sacudió totalmente en 2001 cuando comencé a ministrar en países en vías de desarrollo. Creí que iría a estos países para ayudar a la gente necesitada. Pero pronto descubrí que esta gente "pobre" tenía mucho más para darme a mí. Esto me llevó a revisar a fondo mis valores y prioridades. Y cada vez que volaba a otro continente atravesaba otro nuevo proceso de revaluación.

En 2009 dirigí una conferencia para mujeres en Nairobi, Kenya. Después de mi llegada, mi anfitrión, un periodista llamado Gideon, mencionó que mi "amigo pastor de Malawi" estaba esperando para verme. Me sorprendió escuchar esto, ¡porque no sabía que tenía un pastor amigo en Malawi! Nunca había estado en ese país, y no recordaba haber hablado nunca con alguien de ese lugar.

"Dice que han intercambiado correos electrónicos", me dijo Gideon. "Y llegó hoy para verlo."

Recordaba vagamente haber recibido un mensaje algunos meses antes sobre un hombre que estaba en África del sur. Me preguntó si podría ir a su país a dar una conferencia, y le dije que no podía hacer eventos como ése hasta haber conocido a la gente y haber establecido una relación de confianza con ellos.

Algunas horas después conocí a este hombre, el pastor Peacepound. Tras algunos minutos de conversación trivial, supe que había viajado en un autobús repleto de gente desde Lilongwe, la capital de Malawi, hasta Nairobi. Había sido un viaje de cuatro días.

¿Cuatro días en autobús? Me quedé atónito. Nunca había conocido a nadie en los Estados Unidos que hiciera un viaje tan largo para asistir a una reunión cristiana. (Nosotros los estadounidenses sencillamente no estamos tan desesperados espiritualmente). Pero este hombre estaba tan preocupado por la forma en que las mujeres eran abusadas en su país—por violencia doméstica, violación y mutilación—que hizo un sacrificio increíble.

Entonces me volvió a sorprender con una pregunta. "Usted dijo que no podía venir a Malawi a menos que nos conociéramos. Ahora ya nos conocemos, ¿vendrá?", me preguntó.

¿Qué se suponía que debía decir? Casi reí al imaginar la respuesta que pude haberle dado. "Bueno, pastor, tendría que orar al respecto", no sonaba apropiado. ¿Cómo me podía negar ante el pedido de este hombre que había pagado un precio tan increíble para venir a verme? ¿Por qué iba a tener que orar?

La petición del pastor Peacepound era tan sincera como humilde. Antes de que terminara la tarde ya me había comprometido a ir a Lilongwe. No me gusta pasar mucho tiempo fuera de mi casa. Pero consideré el hecho de que mi vuelo desde Estados Unidos a África llevaba menos tiempo que el famoso viaje en autobús que había realizado el pastor Peacepound y eso ponía las cosas en perspectiva.

En mis viajes a los países en vías de desarrollo he encontrado a muchos hombres como el pastor Peacepound. No conocen muchas de las comodidades occidentales. Jamás han visto encimeras de granito, televisores de pantalla plana, iPods, o sistemas de GPS. Jamás han comprado en una linda concesionaria de autos, en una gigantesca tienda de deportes como Sports Authority, o en una megatienda como Best Buy o Bass Pro Shop, o incluso un Wal-Mart. No pueden imaginar la necesidad de un sistema electrónico para abrir las puertas del garaje, un aparato eléctrico para soplar las hojas del jardín, sistemas de alarmas, o algún otro detalle aburguesado que para nosotros es crucial. Vecindarios cerrados, sistemas de videocine domésticos, o lugares de comida rápida en los que se compra desde la ventanilla del auto, son conceptos impensables para ellos.

Estas personas generalmente no tienen acceso al agua potable o a electricidad confiable. Se sienten agradecidos con tener suficiente arroz y frijoles sobre la mesa. Pero he hecho amistades con líderes cristianos en los países en vías de desarrollo y Dios destrozó por completo mis valores burgueses.

Mi amigo Raja, que rescata bebés que han sido arrojadas en cubos de basura, dirige un orfanato para docenas de chicos, pero vive con un minúsculo salario.

Lydia, una señora cristiana que conocí en Kenya, dirige una escuela de beneficencia en el barrio más grande de Nairobi donde se ocupan de una gran cantidad de niños con necesidades especiales,[5] aunque la escuela no puede cubrir los gastos de ella.

Oto, un pastor con el que trabajé en Guatemala, alimenta a más de cien niños necesitados por día, pero no tiene seguro de salud ni plan de retiro y jamás ha podido irse de vacaciones.

Biju, otro amigo de Mumbai, India, tiene la sonrisa más grande que he conocido. Él y su esposa, Secunda, dan de comer a cientos de niños que viven en la orilla del vertedero de basura más grande del mundo. Pero ellos viven con sus dos hijos en un departamento de dos dormitorios, en una torre de departamentos en uno de los mayores conglomerados urbanos del mundo.

Moses, un pastor de Kampala, Uganda, tiene una iglesia de doscientos miembros que se reúne bajo un toldo en un barrio pobre. Su esposa, su madre, su cuñada y varios niños viven en su diminuto departamento. Sin embargo, durante mi última visita nos invitó a tres amigos y a mí a su casa, y disfrutamos de una cena de pollo y arroz. Fue una de las comidas más memorables que jamás he probado.

En estas situaciones, yo miraba a Raja, a Lydia, a Oto, a Biju, y a Moses y me daba cuenta de que en realidad son ricos.

Estas personas tienen muy poca comodidad material, pero tienen un techo, comida, buenos amigos, una familia con la que se llevan bien y—por encima de todo—realización espiritual. Y desbordan gozo y amor. Entonces, ¿que importa si no tienen los mejores muebles, los electrodomésticos más caros o los últimos equipos electrónicos? ¿Qué importa si no tuvieron dinero para ir a ver la última película en 3-D de Hollywood o para comprar el iPhone más nuevo?

Hoy una gran parte del mundo tiene dificultades mientras que los estadounidenses—incluso en tiempos de recesión económica—vivimos en un nivel inimaginable de abundancia. No pretendo hacer que nadie se sienta culpable. No creo que esté mal tener un control para abrir automáticamente la puerta del garaje o un buen auto o casa. Pero creo que deberíamos tomar conciencia de la realidad. La disparidad que vemos entre la sofisticada vida del mundo occidental y el tercer mundo debería hacernos replantear nuestros intrincados valores. Quizá no seamos tan ricos como creemos que somos.

Revaluar sus prioridades

Personalmente, creo que como hombres hemos sido engañados. Nuestra cultura nos dice que tenemos que obtener ciertos logros materiales o físicos para tener una vida verdaderamente exitosa. Estos logros suelen entrar en una de seis categorías:

1. **Dinero:** De acuerdo con los estándares del mundo, un hombre exitoso debe tener un sueldo anual de por lo menos seis cifras, tapizado de cuero en su BMW, una gran casa (y otra casa más para las vacaciones), muchas acciones en la bolsa, al menos una vacación lujosa al año y enormes ahorros en su fondo jubilatorio. Y de acuerdo con los expertos en altas finanzas, no importa cómo haga el dinero, mientras gane mucho y tenga un buen contador que le haga quedar bien cuando llegue el auditor.
2. **Cuerpo:** Las revistas populares de hombres nos dicen que debemos tener abdominales perfectos, como tablas de lavar, grandes pectorales, y gruesos bíceps para que se considere que tenemos una “buena vida”. Una publicidad muestra a un hombre de sesenta años sin camisa,

que tiene el pecho y los brazos de un atleta de veinticinco. El mensaje: si quiere ser exitoso, debe desafiar el proceso del paso del tiempo.

3. **Sexo:** La cultura insiste en que un hombre exitoso debe tener sexo cada vez que lo quiera, aunque esto signifique salirse de los confines del matrimonio para satisfacer sus necesidades. Y hoy, debido a que los hombres están bajo semejante presión para ser un semental sexual, aunque tenga sesenta y cinco años, hemos creado una nación de adictos al Viagra. Los tipos insisten en mantener las mismas erecciones pétreas que tenían a los veintiún años, sin importarles si tienen que utilizar drogas para incrementar su flujo sanguíneo.
4. **Poder:** Muchos hombres creen que el secreto del verdadero éxito es tener un montón de gente que los sigan, no importa a dónde vaya. Por eso estos hombres se quedan treinta años en el mismo trabajo aburrido; su meta en la vida es obtener una oficina esquinera con paneles de roble y la posibilidad de sentarse en uno de los extremos de la mesa de la sala de juntas. El engañoso atractivo del poder confunde incluso a los ministros cristianos, es la única manera de explicar por qué los ostentosos evangelistas que se visten con trajes de seda insisten en ser transportados en limosinas hacia sus reuniones "evangelísticas".
5. **Fama.** Vivimos en una nación que está ebria de celebridad. Muchos hombres quieren ser adorados, ya sean políticos, cantantes de rock, actores, hombres de negocios, periodistas, atletas o simples participantes de un bobo *reality show* de la televisión. La gente hoy se hace famosa solo por ser famosa, aunque no haya hecho nada. La idea es que si su nombre se convierte en una palabra cotidiana o si puede juntar cien mil seguidores en Twitter o en Facebook, usted es exitoso.
6. **Intelecto:** Algunos hombres son atletas dotados, mientras que otros tienen mayor poder intelectual. Ambas cualidades son grandes atractivos, pero podemos terminar idealizándolas. Algunos tipos del mundo académico han

> sido engañados al pensar que la vida gira en torno a sus doctorados, los premios por investigaciones, o por la cantidad de libros que han publicado. Aunque la ambición de su vida haya comenzado con el deseo de curar enfermedades o descubrir la solución a uno de los problemas del mundo, caen en la trampa del orgullo y comienzan a pensar que la búsqueda del conocimiento por sí misma los hace especiales.

Todos somos susceptibles a caer en esta trampa. Dios nos colocó en un mundo material lleno del brillo del oro, de joyas rutilantes, mujeres hermosas e inmensas extensiones de bienes raíces. Nuestra naturaleza pecaminosa no nos permite ver la realidad eterna y comenzamos a buscar *cosas* para sentir satisfacción en vez de buscarlo a *Él*. Y al diablo le encanta colocar regularmente estas tentaciones frente a nosotros para que mordamos el anzuelo.

Este fue el primer error del hombre en el Jardín del Edén. La vista y el aroma del árbol prohibido apartaron al hombre de su intimidad con Dios. La mentira que tentó a Eva era vieja. Satanás le dijo: "Sabe Dios que el día que comáis de él, serán abiertos vuestros ojos, y seréis como Dios, sabiendo el bien y el mal" (Génesis 3:5). Era una proposición tramposa: si comes esto no vas a necesitar más a Dios; puedes tener éxito por tus propios medios.

Miles de años después seguimos tomando esa misma decisión mortífera. Nos apartamos de Dios para sentirnos realizados ascendiendo en el escalafón empresarial, acumulando la mayor cartera de inversiones, teniendo el mejor sexo, o teniendo todos los juguetes de moda. ¿Como podemos ser liberados de todos estos conceptos equivocados sobre el éxito? Recomiendo estos tres importantes pasos.

1. Piense en la brevedad de la vida.

Hay funerales todos los días, pero solo vamos a alguno de vez en cuando. Creo que todos seríamos mejores si fuéramos a más funerales, especialmente funerales cristianos en los que hay predicadores que leen lo que la Biblia dice del cielo, el infierno y la eternidad. La mayoría de los hombres se niegan a aceptar lo que ocurre cuando uno muere.

Salomón, el hijo de David, fue uno de los reyes más importantes que jamás hubo. Tenía tanta riqueza que los dignatarios que lo visitaban salían de su presencia sobrecogidos. Tenía un palacio muy caro, mil concubinas, banquetes a diario, innumerables viñedos y jardines exuberantes, y el respeto de la multitud. Pero después de juntar toda esa fortuna, escribió en Eclesiastés 2:10–11:

> No negué a mis ojos ninguna cosa que desearan, ni aparté mi corazón de placer alguno, porque mi corazón gozó de todo mi trabajo; y esta fue mi parte de toda mi faena. Miré yo luego todas las obras que habían hecho mis manos, y el trabajo que tomé para hacerlas; y he aquí, todo era vanidad y aflicción de espíritu, y sin provecho debajo del sol.

Salomón tuvo más éxito en el mundo que el que cualquiera de nosotros podría anhelar tener jamás, pero cuando se acercaba el final de su vida llegó a la conclusión de que había estado persiguiendo vanas ambiciones. También escribió: "El que ama el dinero, no se saciará de dinero" (Eclesiastés 5:10). Aunque se suponía que lo tenía todo, al irse debilitando sus ojos se dio cuenta de que todas sus posesiones y placeres materiales no lo validaban ni daban significado alguno a su vida.

Investigué un poco sobre los cinco hombres más ricos del mundo. De acuerdo con las estadísticas del 2010 de la revista *Forbes* ellos son: (1) Carlos Slim Helú, un inmigrante libanés que vive en México que amasó una fortuna de US$ 54 mil millones en el negocio de las telecomunicaciones, (2) el fundador de Microsoft, Bill Gates III, que tiene ahora US$ 53 mil millones (y que dejó su compañía en el 2008 para dedicar su vida a la filantropía); (3) El inversor estadounidense Warren Buffett, que posee US$ 47 mil millones; (4) Mukesh Ambani, el hijo de un magnate indio (que abandonó sus estudios en la Universidad de Stanford y cuenta con una fortuna de US$ 29 mil millones) y que es dueño de un conglomerado de petróleo y gas; y (5) Lakshmi Mittal, un indio que emigró a Inglaterra que es dueño de la compañía de acero más grande del mundo, posee US$ 28.7 mil millones.[6]

Estoy seguro de que estos hombres comen muy bien, manejan autos muy buenos, y tienen colecciones de arte maravillosas. Probablemente tienen casas más grandes que el palacio de Salomón. (¡Ambani, de India, en realidad vive en una casa de veintisiete pisos en Mumbai!) Pero lo que debemos recordar es que ninguno de estos hombres se llevará ninguna de sus posesiones a la eternidad. Aunque los enterrarán con sus autos y sus muebles, como se hacía con los faraones del antiguo Egipto, ninguna de esas cosas llegaría a la vida del más allá.

Cuando estemos frente a Dios no seremos evaluados por cómo nos hayamos comportado con las acciones de la bolsa o por cuántos invitados hayamos podido recibir en nuestras mansiones en una sola noche. No llevaremos nuestros estados contables a la eternidad. Salomón resumió este concepto cuando escribió: "Como salió del vientre de su madre, desnudo, así vuelve, yéndose tal como vino; y nada tiene de su trabajo para llevar en su mano" (Eclesiastés 5:15).

Salomón también se dio cuenta de que al hombre se le dio la oportunidad de entender las realidades eternas. Él escribió en Eclesiastés 3:11:

> Todo lo hizo hermoso en su tiempo; *y ha puesto eternidad en el corazón de ellos*, sin que alcance el hombre a entender la obra que ha hecho Dios desde el principio hasta el fin.

Dios ha puesto su impronta divina en nosotros. Nos hizo para la eternidad. Muy adentro, cada hombre sabe que su vida es como la neblina que se desvanece (Santiago 4:14) y que nuestro tiempo en la tierra puede terminar en cualquier momento. Por eso Satanás utiliza cosas materiales para cautivarnos; entre más nos concentremos en las ténues distracciones de este mundo, menos pensaremos en nuestra condición moral o en cómo juzgará Dios nuestras vidas cuando hayamos muerto y estemos en su presencia.

Pocos de nosotros dedicamos tiempo a planear nuestro funeral o calcular cuándo podríamos morir. Hace poco descubrí en la Internet un sitio llamado *deathclock.com* (el reloj de la muerte) que realmente calcula cuánto tiempo le queda a uno en la tierra, basándose en cálculos de la expectativa de vida actual. Pregunta al usuario su fecha de nacimiento, su estado de salud actual, su índice de masa corporal y su estado de humor más común. Luego, tras ingresar todos esos datos y de hacer clic en el botón de: "Chequee el reloj de su muerte" *¡voilà!* Le da una fecha estimada para su muerte y cuántos segundos de vida le quedan.

Suena algo morboso, pero no sería mala idea que algunas personas visitaran este sitio regularmente. Demasiados hombres no aceptan de ningún modo que son mortales. A menos que estemos enfrentando una enfermedad, la pérdida de un familiar, o alguna otra clase de tragedia, la mayoría de nosotros no pensamos en lo corta que es la vida. Dios a veces permite estas interrupciones difíciles para ayudarnos a corregir nuestra perspectiva temporal.

Por supuesto que Dios quiere que disfrutemos la vida que nos regala en la tierra. Él quiere bendecirnos en forma material. Él nos da el poder de lograr riquezas para que podamos bendecir a otros (Deuteronomio 8:18), Él quiere que estemos físicamente saludables para que pueda glorificarse en nuestros cuerpos, nos bendice con el sexo en el contexto del matrimonio, y nos da ocupaciones para que podamos honrarlo con nuestro trabajo. Pero todos estos regalos pueden convertirse en ídolos en nuestras vidas si los practicamos separados de Dios.

Personalmente, siempre le he dado mucha importancia a la apariencia física, quizá porque me preocupó demasiado no ser lo suficientemente buen mozo como para captar la atención de las chicas. Cuando era un adolescente en la década de los setenta mi ídolo era Burt Reynolds, el actor. Él era la personificación de la masculinidad fuerte y atlética, con la mandíbula cuadrada y pelo en el pecho. Pero al ver la carrera de Reynolds con el transcurso de los años (él tiene dieciséis años más que yo), me doy cuenta de que los hombres no siguen siendo tan viriles ni buen mozos para siempre. Él se llenó de canas, a mí las primeras recién comenzaron a salirme. Su físico esculpido no duró hasta ahora. Pronto su semblante se volvió adusto, recordándome que si vivo lo suficiente, me veré muy, muy viejo.

¡Todos nos vamos a marchitar! Y cuando entremos en la eternidad, no llevaremos el dinero, los trofeos deportivos, los elogios, las admiradoras, ni nuestros músculos. Lo que sí llevaremos con nosotros es nuestra conciencia despierta (o culpa), nuestra compasión (o la falta de ella), nuestras obras buenas (o malas), nuestra generosidad (o tacañería), y nuestra fe (o nuestras dudas). La Biblia dice que estaremos frente al tribunal de Cristo para dar cuenta de nuestras obras y para recibir la recompensa por nuestra fidelidad.

El apóstol Pablo les advirtió a los corintios que condujeran sus vidas a la luz de este juicio divino. Les dijo que el fuego de la santidad celestial probará sobre qué hemos edificado en la vida. Escribió en 1 Corintios 3:12–15:

> Y si sobre este fundamento alguno edificare oro, plata, piedras preciosas, madera, heno, hojarasca, la obra de cada uno se hará manifiesta; porque el día la declarará, pues por el fuego será revelada; y la obra de cada uno cuál sea, el fuego la probará. Si permaneciere la obra de alguno que sobreedificó, recibirá recompensa. Si la obra de alguno se quemare, él sufrirá pérdida, si bien él mismo será salvo, aunque así como por fuego.

Esto no es tan solo una reprimenda a los ministros sobre la manera en que edifican las iglesias. También tiene que ver con la forma en que edificamos la familia, la carrera laboral, los negocios y las relaciones—y con cómo se amasa una fortuna. Si usted construye su vida de la manera que a Dios le agrada, honrando sus principios, tendrá éxito al final. Pero si la construye en forma egoísta, utilizando los mezquinos materiales de construcción que Satanás le ofrece y siguiendo los códigos del mundo, fracasará, aunque haya disfrutado la fortuna y el aplauso del mundo durante su corto tiempo en la tierra.

Es por esto que el propio Jesús les hizo a sus discípulos esta pregunta en Marcos 8:36: "Porque ¿qué aprovechará al hombre si ganare todo el mundo, y perdiere su alma?". Deberíamos orar que el Espíritu Santo marque a fuego esta inquietante pregunta en nuestras mentes cada día, a medida que nos acercamos más y más a la eternidad.

Pensemos en esto

1. Algunos hombres creen que el dinero es el requisito esencial para el éxito. Otros colocan el énfasis en la fama. Piense en las seis áreas de la vida que estamos tentados a idolatrar: dinero, físico, sexo, poder, fama e intelecto. ¿Cuál de ellas tiende usted a enfatizar más? ¿Por qué?
2. ¿Ha enfrentado alguna vez la muerte de un amigo o un familiar? ¿Cambió esta experiencia la manera en que usted ve su propia vida? ¿En qué forma?
3. Si el éxito no consiste en el dinero, el poder o la fama, ¿cuáles cree usted que sean los valores más importantes? ¿Qué hace que un hombre sea verdaderamente exitoso?

---

2. Encuentre modelos a seguir que sean de Dios.

No puedo revelar el nombre de mi amigo pakistaní, así que lo llamaré simplemente Saleem. Conocí a este joven líder de la iglesia durante una conferencia misionera en Pennsylvania en 2009. El mismo día en que nos conocimos, radicales islámicos estaban quemando las casas de los cristianos en un área no muy lejos de la ciudad de Saleem. Veinte creyentes fueron asesinados cuando los talibanes atacaron ese pacífico asentamiento.

Uno de los amigos de Saleem quedó muy malherido a causa de los ataques. Esta clase de violencia ocurre muy a menudo en Pakistán, donde las llamadas "leyes de blasfemia" dicen que arrancar una página del libro santo islámico o insultar el nombre de Mahoma merece la pena capital.

Saleem se arremangó y me mostró dos cicatrices cerca de su codo y muñeca. Marcan por dónde pasó una bala desde un extremo al otro de su brazo cuando los militantes islámicos le dispararon en la ciudad de Lahore en 2005. Si mira de cerca el cuero cabelludo de Saleem, bajo su espeso cabello negro encontrará cicatrices de cuando fue golpeado en la cabeza con palos.

"Muchos miembros de mi iglesia han sido encarcelados por sus 'leyes de blasfemia'", decía Saleem señalando que todos esos cargos contra su congregación eran falsos. Saleem recibe mensajes de texto imposibles de rastrear de los miembros del Talibán en los que amenazan con matarlo.

Los militantes islámicos están alterados porque el cristianismo crece en Pakistán mucho más rápidamente de lo que el gobierno admite. Las estadísticas oficiales dicen que el 2% de los pakistaníes son cristianos. Saleem afirma que la cifra es mucho más alta. Dice que muchas personas que antes eran musulmanas no declararán su fe en una estadística por temor a las represalias de los radicales islámicos y porque a los cristianos se les niega el empleo y se los fuerza a vivir en guetos.

A pesar de que Saleem dirige una red de novecientas iglesias en hogares en esta ciudad (con una membresía promedio de doscientas personas cada una), no es un hombre rico. Él y su esposa comparten una pequeña casa con otros seis familiares. Hay agujeros de balas en la verja, en la entrada de su casa. Tienen cerca una búfala de agua y venden su leche para hacer algo de dinero extra.

Este joven pastor ha experimentado milagros. Comenzó a dirigir su cadena de iglesias en 1997. En mayo de 2008, un hombre musulmán le trajo a su hijo de seis años, muerto, a una reunión evangelística. Saleem dijo: "Vi el fuego de Dios en ese niño y revivió. Fue la presencia de Dios. No fui yo. El doctor estaba de pie allí en la reunión y dio el informe. Dijo que el niño había estado muerto".

En la mayoría de las reuniones de Saleem al aire libre, hasta un 80% de la audiencia es musulmana. Gran cantidad de ellos se han convertido a Cristo al ver la manifestación de los poderosos milagros de Dios. "Hemos visto ciegos cuyos ojos son abiertos, paralíticos que vuelven a caminar, oídos de los sordos que son abiertos", me dijo. "Vemos a la gente que se levanta de las sillas de ruedas. Vemos muchos milagros que se realizan en el nombre de Jesús".

Una cosa es escuchar sobre la persecución de cristianos como Saleem. Pero otra muy distinta es comer varias veces con este hermano, oírlo predicar en su lenguaje nativo, el urdu, y mirar las marcas de su cuerpo. Dos días con Saleem me llevaron a hacer un examen de la realidad.

Me di cuenta en ese momento de que me había estado quejando en mi corazón por cosas triviales: el precio de la gasolina, la economía que se echaba a perder y la lentitud de algunas conexiones de la Internet. De repente, me sentí ridículo. Me arrepentí por mi actitud desagradecida. Y luego di gracias a Dios por un nuevo modelo digno de imitar, que era tan joven que hubiera podido ser mi hijo.

He conocido a otros "mártires vivientes" como Saleem en los últimos diez años.

Zhang Rongliang es uno de los líderes más prominentes del movimiento de iglesias clandestinas en hogares de China. Alrededor de cuatro años después que lo conocí en una ciudad del sudeste de China, lo sentenciaron a siete años y medio de cárcel por cruzar ilegalmente la frontera y por otros delitos.

Conocido cariñosamente como el "Hermano Z", Zhang ya ha pasado doce años en la cárcel desde que fue bautizado en secreto en 1969. Lo torturaron muchas veces durante esos años. Lo primero que me impresionó cuando lo conocí fue que no parecía ser el líder de diez millones de cristianos. Solía usar pantalones azul marino desarreglados y una camisa azul arrugada, con el cabello negro despeinado, se mezcla fácilmente entre la multitud cuando camina entre los millones de habitantes de la provincia china de Henan.

Pero él no es un campesino común de Henan. Este hombre simple—que prefiere sentarse en el piso cuando se reúne con su equipo—es un apóstol que ha plantado miles de iglesias desde principios de la década de los setenta. Tanto los misioneros extranjeros como los obreros de la iglesia de su país lo consideran el líder con mayor influencia de la iglesia de China.

Como un apóstol del Nuevo Testamento, Zhang lleva las marcas del sufrimiento. Ha soportado golpes con varillas de hierro y bayonetas. Incluso lo torturaron con una picana eléctrica.

Se convirtió a Cristo en 1963 cuando tenía trece años. Zhang se congregaba en iglesias encubiertas en áreas rurales de Henan, donde los temibles oficiales de seguridad pública (PBS es su sigla en inglés) de Mao Tse-Tung buscaban "contrarrevolucionarios" religiosos. En 1974, los oficiales de la PBS lo esposaron y lo golpearon con palos para forzarlo a revelar información sobre las actividades de los cristianos. Su rechazo a negar su fe y a traicionar a sus colegas lo llevaron al campo de labores Xi Hua por siete años.

Aún así, como el apóstol Pablo, la fe de Zhang creció incluso mientras estuvo preso. Cuando fue liberado de Xi Hua en 1980, Zhang fundó el movimiento China para Cristo, una enorme cadena de iglesias que se estima que ha crecido a diez millones de miembros para el año 2001. "Es imposible conocer el número real", me dijo Zhang. "Es como el censo en China. Nunca puedes estar seguro. Así como estamos hablando aquí, estamos abriendo iglesias. La obra del reino de Dios es tan rápida."

Hombres como el "Hermano Z" en China y "Saleem" en Pakistán me han dado una perspectiva enteramente nueva del éxito. Ninguno de estos hombres logrará nada que se parezca siquiera al sueño materialista americano, pero son mis héroes. Me han mostrado qué es lo más importante en la vida: el valor, la fe que pasa toda prueba, el intenso amor a Dios y la compasión por las almas. Estos cristianos del tercer mundo me recuerdan a los héroes del Antiguo Testamento cuya fe se describe en el Libro a los Hebreos. Se dice de ellos:

> Fueron apedreados, aserrados, puestos a prueba, muertos a filo de espada; anduvieron de acá para allá cubiertos de pieles de ovejas y de cabras, pobres, angustiados, maltratados; de los cuales el mundo no era digno; errando por los desiertos, por los montes, por las cuevas y por las cavernas de la tierra.
>
> —Hebreos 11:37–38

La definición común de *éxito* no incluye habitualmente aflicción, pobreza o martirio. Pero la Biblia generalmente contradice nuestros estándares mundanos. Si usted está cómodo en su burbuja burguesa americana, lo aliento a que encuentre nuevos modelos a seguir. No tienen que ser necesariamente de China o Pakistán; quizá necesite pasar tiempo con algún pastor inmigrante en su ciudad o con el hombre de su iglesia que ha estado visitando a los presos de las cárceles cada semana durante veinte años. Le garantizo que si usted pasa tiempo con hombres así, las prioridades de ellos se volverán también suyas.

3. Encuentre su validación sólo en Dios.

Por nuestros errados valores culturales, muchos hombres son hoy adictos al éxito. Nuestras vidas giran totalmente alrededor del rendimiento, y no nos podemos permitir fracasar. Esto se llama "tendencia al mayor rendimiento posible". Un hombre que se inclina en esta dirección basa su valor personal no en *quién es* sino en lo *que hace.*

La tendencia al mayor rendimiento posible puede conducir a toda clase de disfunción. Lleva a los hombres a competir unos con otros en los negocios, produciendo en el ambiente laboral una atmósfera cortante, en lugar de una eficaz camaradería. Puede empujar a los atletas a usar esteroides o alguna otra droga ilegal. El deseo de ganar a toda costa los carcome y lleva a muchos hombres profesionales a comprometer su ética o incluso a delinquir.

La orientación al rendimiento también puede ser mortal. En algunos países de Asia, algunos hombres que son despedidos de sus trabajos se suicidan porque no pueden soportar decirles a sus familias que han fracasado.

A veces decimos que estos hombres rinden más de lo que se ha esperado de ellos y suponemos que ese es un comportamiento normal para el alto ejecutivo de una empresa o un empresario. Desde luego, no tiene nada de malo tener un impulso a triunfar en los negocios. Pero es distinto tener un impulso que ser compelido.

Los hombres que son compelidos—ya sean ejecutivos de corporaciones, políticos, artistas o ministros—por lo general terminan hiriendo a la gente en su búsqueda agresiva del éxito personal. Eso es así porque su impulso es egoísta: tratan desesperadamente de probar su singular valor a todos los que los rodean. En otras palabras, el éxito es todo para ellos.

Los hombres que son compelidos a desarrollar esta tendencia generalmente nunca sintieron que pudieran complacer a sus propios padres. Por frustración e inseguridad, tratan de compensar una cosa con la otra. Se dicen a sí mismos: "Está bien. Le mostraré a mi padre que soy algo. Les voy a probar a él y a todos los demás que no soy el fracasado que me dijo que era". Y así se inicia el doloroso proceso. Esta atormentada persona que rinde más de lo esperado llega a la cima empresarial, pero no sin antes arruinar las vidas de sus compañeros de trabajo y de su propia familia.

La solución para la orientación al rendimiento yace en una simple revelación, pero no es fácil de entender si usted ha sido condicionado a rendir más de lo esperado. Dios quiere que entendamos que su amor no está basado en nuestro comportamiento o en si hacemos todo a la perfección. Su amor es gratuito, inmerecido, y no hay nada que podamos hacer para ganárnoslo.

La mejor manera de explicar el amor de Dios hacia nosotros es mirar a Jesús el día de su bautismo en el río Jordán. La Biblia dice que después que Jesús salió del agua, los cielos se abrieron, el Espíritu Santo descendió en forma de paloma, y la voz del Padre declaró:

> "Este es mi hijo amado, en quien tengo complacencia".
>
> —Mateo 3:17

Debemos recordar que esta sorprendente escena ocurrió antes de que Jesús hiciera ningún milagro. Él no había sanado enfermos, no había predicado ningún sermón, no había alimentado a las multitudes, ni había echado fuera ningún demonio. Y desde luego no había llevado su cruz ni pagado el precio de los pecados del mundo. ¡Sin embargo, Dios pronunció esta maravillosa bendición sobre su Hijo frente a todo el mundo! Y lo mismo hace con nosotros. Su Padre celestial lo ama, está orgulloso de usted y lo llama "el niño de papá". Él no basa su aprobación en lo que usted haya hecho o no. Tiene que ver sólo con su relación con usted. Y su Padre quiere que esté seguro en esa relación íntima en la cual lo que vale no son las acciones de usted sino la paternidad de Dios.

Fíjese que justo después que Jesús fue bautizado, el diablo vino a Él y lo tentó en el desierto. Las primeras palabras de Satanás en esa escena son altamente sospechosas. Le dice a Jesús:

> "*Si eres Hijo de Dios*, di que estas piedras se conviertan en pan".
>
> —Mateo 4:3

Satanás vuelve a decir en el versículo 6: "*Si eres Hijo de Dios*, échate abajo".

Esto es exactamente lo que hace el diablo en nuestras vidas. Trata de tentarnos para que dudemos de que somos hijos de Dios. Sabe que si comenzamos a dudar de nuestra relación con Dios, finalmente buscaremos seguridad en otras cosas.

¿Es usted un hijo? ¿Está seguro del hecho de que Dios lo ama sin importar los errores que haya cometido en su vida? ¿Cree que Él lo aprueba sin reserva alguna? ¿O imagina que cuando usted se le acerca Dios sacude la cabeza con disgusto?

Cuando el Padre dio su bendición sobre su hijo en el bautismo, Dios no susurró la bendición ni esperó a que Jesús estuviera solo para dársela. Esta no fue una muestra de aprobación hecha con desgano. Dios gritó su reconocimiento para que toda la multitud lo oyera. Y es importante señalar que el tiempo verbal del griego en la frase: "Tengo complacencia" no tiene tiempo y es enfático. Significa que Dios siempre estuvo complacido con Jesús y siempre lo estará.[7]

Lo mismo sucede con usted, mi hermano. Si usted es un creyente en Cristo y Jesús vive en su interior, entonces tiene acceso a la misma aprobación incondicional de su Padre que le dio al Hijo. Dios rebosa de alegría con usted. Es su hijo. No tiene que trabajar para lograr su bendición ni hacer méritos para ganar su afecto. No tiene que hacer nada para compensar sus errores ni sus puntos débiles. No tiene que probar nada. Sólo relájese y disfrute su amor. Es suyo simplemente porque usted es su hijo amado, en quien el Padre tiene complacencia.

Hablemos de esto

1. ¿Quién es su referente como modelo de éxito? ¿Por qué?
2. ¿En qué formas los cristianos que son perseguidos en otros países desafían nuestra visión respecto del éxito?
3. Muchos hombres están en una constante búsqueda de aprobación porque no la obtuvieron de sus padres. ¿Por qué esta clase de inclinación hacia el mayor rendimiento posible es tan insalubre?
4. Sea honesto: ¿cree que Dios lo ama así, tal como usted es, o está luchando por ganarse su aprobación, así como la aprobación de los demás?

Oremos por esto

Padre, se que no puedo comprar tu amor ni trabajar para ganármelo. Por favor, hazme libre de luchar por tu aprobación. Ayúdame a entender que no tengo que rendir más para ganarme tu afecto. Dame una revelación de tu amor incondicional. En el nombre de Jesús. Amén.

La mujer en su más grandiosa perfección fue hecha para servir y obedecer al hombre.[1]

—John Knox, reformador escocés

Dirijamos a nuestras mujeres al camino de lo sano enseñándoles a mostrar sumisión, a mantener silencio. Toda mujer debería enrojecer de vergüenza de solo pensar que es mujer.2

—St. Clemente de Alejandría

Las mujeres sensibles y responsables no quieren votar. Las posiciones relativas de los hombres y las mujeres de nuestra civilización fueron dispuestas hace mucho tiempo por una inteligencia superior a la nuestra.[3]

—Grover Cleveland, presidente estadounidense

La naturaleza diseñó a las mujeres para que sean nuestras esclavas. Son nuestra propiedad.[4]

—Napoleón Bonaparte

Cuando una mujer se convierte en una erudita generalmente es porque hay algo malo en sus órganos sexuales.[5]

—Friedrich Nietzsche, filósofo alemán

Las mujeres deben ser obscenas, pero no oídas.[6]

—Groucho Marx, comediante

La solución obvia y justa para el problema de las tareas hogareñas es dejar que el hombre las realice durante, digamos, los próximos seis mil años, para emparejar las cosas. El problema es que con los años, los hombres han desarrollado una noción exagerada de todo lo que hacen, así que antes de que nos demos cuenta habrán convertido a las tareas del hogar en una farsa como lo son hoy los negocios. Contratarían secretarias y comprarían computadoras y volarían a conferencias sobre el quehacer doméstico en las Bermudas, pero jamás limpiarían nada.[7]

—Dave Barry, columnista

MENTIRA Nº 4

EL HOMBRE ES EL "JEFE" SUPREMO DE SU FAMILIA.

En una película de ciencia ficción de 1975, *Las esposas de Stepford*, una joven pareja llamados Walter y Joanna Eberheart se mudan de la ciudad Nueva York a Stepford, un tranquilo suburbio de Connecticut.[8] Quieren alejarse del ritmo acelerado de la ciudad, pero no contaban con que Walter comenzaría a asistir a un club exclusivo para hombres llamado Asociación de Hombres de Stepford.

A Joanna no le agrada lo secreto de la organización y se va preocupando más por el hecho de que todas las mujeres de Stepford son sumamente dóciles. Todas las esposas hablan de sus tareas domésticas y de las actividades de los niños. Ninguna parece tener metas o intereses personales. Actúan como felpudos.

Las cosas se vuelven más extrañas cuando Joanna y Bobbie, su luchadora amiga librepensadora, comienzan a investigar la rara conducta de las mujeres. De pronto, la personalidad de Bobbie cambia y se vuelve estrictamente dócil y sumamente sumisa, como si le hubiesen lavado el cerebro.

Mientras la película continúa hacia su extraño clímax, Joanna irrumpe en un salón del club de hombres y hace un descubrimiento escalofriante. Encuentra un maniquí mecánico que luce exactamente como ella, sólo que sus vacíos ojos inertes están tan dilatados que son totalmente negros. Se da cuenta de que la siniestra réplica ha sido preparada para reemplazarla a ella.

Resulta ser que los hombres de Stepford en realidad no querían que sus esposas fueran sus compañeras. Querían robots que ellos pudieran controlar.

En la década de los setenta algunos críticos desestimaron *Las esposas de Stepford* como una tonta diatriba contra el feminismo. Pero en realidad podríamos sacar algunas lecciones de ella. Hoy en día hay hombres cristianos que actúan como si prefirieran esposas robots. Hablo regularmente con hombres así.

Durante un viaje ministerial a Hungría en 2009, oí una penosa historia familiar. Por medio de un traductor, una llorosa joven que vivía cerca de Budapest explicó que su esposo cristiano le estaba demandando con enojo absoluta sumisión. Esto incluía, entre otras cosas, que ella limpiara la casa según sus estrictas reglas, y que se comprometiera en actos sexuales que la hacían sentir incómoda y sucia.

Esta señora no estaba exigiendo sus derechos ni tratando de ser irrespetuosa. Era una piadosa y humilde mujer que obviamente deseaba agradar al Señor. Pero había sigo golpeada hasta hacerla una papilla emocional, y recibía poca ayuda de su pastor, quien no estaba dispuesto o preparado para confrontar el abuso a las esposas.

He visto muchas versiones terribles de este escenario. Cuando visité Kenya, varias mujeres me contaron que sus esposos infectados con SIDA las violaban a menudo y luego sus pastores les decían que debían someterse a ese trato. En algunas partes de la India incluso algunos pastores creen que es aceptable golpear a las esposas si discuten con ellos o demuestran alguna forma de falta de respeto. Y en algunas iglesias conservadoras de los Estados Unidos se les dice a las mujeres que la obediencia a Dios se mide por la sumisión como esposas, aunque sus esposos sean adictos al alcohol o a la pornografía, o estén involucrados en *affaires* adúlteros.

Esta distorsión de la enseñanza bíblica ha sumido a muchas mujeres cristianas en la depresión y el trauma emocional. No sé qué es peor: las ásperas palabras que oyen de sus esposos, o la manera perversa en que se empuña la Biblia como un cinto de cuero para justificar una forma doméstica de esclavitud.

Aún hombres piadosos que nunca pensarían en dañar físicamente a sus esposas las han sujetado sin saber a un doloroso abuso emocional al demandarles una obediencia absoluta en nombre de la "sumisión bíblica". Pero su versión de la sumisión, ¿es realmente bíblica? Les he pedido a los hombres que me digan qué creen que significa realmente la sumisión en el matrimonio y a menudo hacen referencia a un vago concepto del "liderazgo masculino" que ellos basan en Efesios 5:23. Este versículo dice: "Porque el marido es cabeza de la mujer, así como Cristo es cabeza de la iglesia, la cual es su cuerpo, y él es su Salvador".

¿Qué es el liderazgo masculino? Obtengo una amplia variedad de respuestas cuando pido a los hombres que lo expliquen. Aquí tenemos algunas de las respuestas.

- El ser "cabeza masculina" significa que cuando mi esposa y yo discrepamos, yo desempato.
- Ser la cabeza de mi hogar significa que yo soy el jefe. La responsabilidad es mía y yo hago todas las reglas.
- Ser la cabeza de mi hogar significa que tengo una responsabilidad sacerdotal de orar por mi esposa y mis hijos. Dios me hace responsable de su bienestar espiritual.
- Ser la cabeza de mi hogar significa que tengo la responsabilidad de guiar a mi esposa y a mis hijos en las cosas espirituales como la oración, los devocionales, y el estudio bíblico.
- Ser la cabeza de mi hogar significa que cuando siento que mi esposa y yo deberíamos adoptar un niño y ella no quiere, yo tomo una "decisión ejecutiva", y realizamos la adopción. Como esposo, yo debería tomar esas decisiones difíciles.
- Ser la cabeza de mi hogar significa que cuando vamos de vacaciones, yo planifico el programa.

Hasta conocí a un individuo que insiste en que cuando viaja en auto junto con su esposa siempre debe conducir él. Siente que si permite que su esposa lo haga, ¡abdica su rol de liderazgo! Y algunos cristianos fundamentalistas han enseñado estrictamente que ya que el hombre es la cabeza de su hogar, siempre debería estar en la posición dominante (arriba) durante la relación sexual. Los misioneros cristianos de algunos países realmente fomentaron esta idea en el siglo pasado, y dieron origen a la frase *posición misionera.* (Otras posiciones sexuales, tales como la mujer arriba, eran rechazadas como paganas, aunque la Biblia no defiende ningún estilo específico de relación sexual.)

Hay cristianos que creen que el concepto de liderazgo denota algún tipo de control dictatorial en el matrimonio. Citan 1 Corintios 11:3, además de otro versículo en Efesios 5:23:

> porque el marido es cabeza de la mujer, así como Cristo es cabeza de la iglesia, la cual es su cuerpo, y él es su Salvador.

El lector casual podría suponer por la lectura de este pasaje que Dios estableció el matrimonio como una jerarquía. Sin embargo la palabra griega usada para denotar "cabeza" en ambos pasajes es *kefalé*, una palabra que no tiene nada que ver con la autoridad severa. Si Pablo hubiera querido implicar una sumisión ciega autocrática habría usado una palabra más común: *arjón*. La palabra *kefalé* puede significar tanto "fuente" (como la fuente de un río), o "uno que conduce a la batalla" (como un precursor). Ninguna definición original de esta palabra da lugar al control, al abuso o a un dominio dictatorial.

El liderazgo, en esencia, no consiste en "quién es el jefe". Realmente consiste en "quién es la fuente". El esposo es la "fuente" de la esposa porque la primera mujer se originó del primer hombre, y como resultado fue conectada íntimamente con él en una unión mística que no se parece a ninguna otra relación humana.

Cuando Eva fue tomada del costado de Adán y luego le fue presentada, él recitó lo que parece ser un poema acerca de esta hermosa nueva creación. Dice en Génesis 2:23:

> Dijo entonces Adán: Esto es ahora hueso de mis huesos y carne de mi carne; ésta será llamada Varona, porque del varón fue tomada.

Muchas Biblias resaltan este pasaje como poesía, pero algunos eruditos creen que en realidad es una canción. ¡Considere la posibilidad de que la primera canción de la Biblia sea una canción de amor de un esposo para su esposa! Hubo un serio romance en el Jardín del Edén, y el primer hombre tuvo un caso grave de enamoramiento. Observe además que lo que celebra en este cántico es el hecho de que la mujer provino de él. Adán encuentra que especial el que esta criatura de cautivante hermosura llamada "mujer" tuviera su origen en la costilla del hombre.

El hecho de que él sea la "cabeza" de ella, o su "fuente" u "origen", hace que la relación con ella sea romántica, única y además profundamente espiritual. Los une como compañeros para siempre. Comparten una santa y mística conexión que se realza todavía más cuando tienen relaciones sexuales. Pero su vínculo trasciende lo sexual; es una unión espiritual que fue creada y bendecida por el mismo Dios.

Éste es el verdadero poder del liderazgo. Se trata de conexión, vinculación y correspondencia. Cuando un hombre se considera la cabeza de su esposa, eso le recuerda que ella es su igual, que provino de él, y que comparten una conexión especial, de pacto, que fue diseñada para durar toda la vida. Cuando una mujer considera a su esposo como su cabeza, se deleita en la protección que él le brinda y valora el aliento y el afecto que fluye de su río de amor. Y ella reconoce que esta conexión es un vínculo de por vida. El matrimonio, como fue diseñado desde el principio, es una oportunidad para que un varón y una mujer compartan la sorprendente profundidad del amor de Dios durante toda su vida.

El liderazgo también nos recuerda que el vínculo entre un esposo y su esposa es más importante que cualquier otra relación humana. De hecho, cuando Dios le dio Eva a Adán le dijo que él tendría que cortar su conexión principal con sus padres. Dios dijo en Génesis 2:24:

> Por tanto, dejará el hombre a su padre y a su madre, y se unirá a su mujer, y serán una sola carne.

Esto es verdadero también para la mujer. Cuando se une a su esposo en matrimonio, ya no considera a sus padres como su fuente principal. Dios crea una nueva familia con cada vínculo matrimonial. En la antigüedad, los padres a veces exigían derechos sobre los esposos de sus hijas o sobre sus posesiones (como intentó hacer Labán cuando Jacob huyó con Raquel y Lea en Génesis 31:22–23). Pero Dios no admite ese arreglo. El padre no es la cabeza de la hija casada, y los suegros no tienen derecho a exigir reclamos sobre la pareja recién casada.

Nunca, jamás, el liderazgo tuvo el propósito de consistir en poder, posición o autoridad. Nunca se dispuso que el hombre se interpusiera entre su esposa y la relación de ella con Dios, ni que el hombre estuviera sobre ella como una especie de policía establecido por Dios. El plan original siempre ha sido que el esposo y la esposa caminen en unidad divina como uno y juntos coloquen al Señor en el centro de su pacto.

Hablemos de esto

1. Tanto Efesios 5:23 como 1 Corintios 11:3 se refieren a que el esposo es la cabeza de la esposa. ¿Qué cree usted que significa eso?
2. Hablamos de dos palabras griegas—*arjón*, que significa "jefe", y *kefalé*, que significa "líder" o "fuente". ¿En qué forma un esposo es la "fuente" de su esposa?
3. El primer hombre, Adán, encontró realmente emocionante que su esposa hubiera sido tomada de su costado. Veía su esposa como una compañera igual a él. ¿Usted ve a su esposa de esta manera, o piensa que se supone que ella sólo debe obedecerle y estar de acuerdo con todo lo que usted diga?
4. ¿De qué manera puede mejorar el nivel de intimidad en su matrimonio?

Una visión del liderazgo como Cristo

De modo que resta la pregunta: "¿Quién es el jefe?". El esposo ¿es el "jefe" supremo de su matrimonio?

No considero al matrimonio de esa manera. Yo considero a mi esposa, Deborah, como una igual. Somos un equipo. Cuando nos casamos el 28 de abril de 1984, el ministro declaró esto sobre nosotros leyendo las solemnes palabras de Génesis 2:24: " y serán una sola carne". ¡Nosotros le pedimos al Señor que entrara en nuestra relación y Él fuera el jefe supremo!

Mi esposa y yo compartimos todo. Disfrutamos de unidad física, emocional y espiritual. Por supuesto tenemos desacuerdos, pero no golpeo con el puño sobre la mesa y grito: "¡Yo soy la cabeza de este hogar, y debes hacer lo que te ordeno!". Eso sería una dictadura, no un matrimonio. Eso no es lo que mi esposa acordó cuando se paró en el altar, y no es así como yo prometí tratarla.

Si Deborah y yo no alcanzamos un acuerdo, decidimos orar juntos hasta llegar a un consenso. Nos respetamos el uno al otro y nos preferimos el uno al otro. No sólo espero por allí hasta que ella esté de acuerdo con mi opinión, a veces cambio mi punto de vista y sigo con lo que ella siente que es lo correcto. No temo admitir que estoy equivocado. No quiero que mi esposa esté de acuerdo conmigo porque yo soy "el hombre a cargo", ¡quiero que ambos estemos de acuerdo con Dios! Los hombres que insisten en tener razón todo el tiempo son inseguros y arrogantes.

No hay en la Biblia ninguna escritura que le dé al hombre un control autocrático de su matrimonio o que lo entrone a una especie de elevada posición de superioridad. En realidad, Jesús declaró que en el reino de Dios, el concepto del control estricto ha sido reemplazado en el nuevo pacto por un concepto de liderazgo de servicio que está marcado por la humildad. Jesús dijo en Mateo 20:25–28.

> Entonces Jesús, llamándolos, dijo: Sabéis que los gobernantes de las naciones se enseñorean de ellas, y los que son grandes ejercen sobre ellas potestad. Mas entre vosotros no será así, sino que el que quiera hacerse grande entre

> vosotros será vuestro servidor, y el que quiera ser el primero entre vosotros será vuestro siervo; como el Hijo del Hombre no vino para ser servido, sino para servir, y para dar su vida en rescate por muchos.

Considerando esta perspectiva del liderazgo cristiano, un hombre que mangonea a su esposa de una manera rígida y autoritaria ha adoptado un estilo pagano de gobierno. Un hombre que se ve a sí mismo como la "cabeza" afectuosa y cariñosa de su esposa nunca la trataría con aspereza, ni le negaría el pleno derecho de su personalidad, ni abusaría de ella de ninguna manera. Y está lo suficientemente seguro de su hombría para admitir cuando está equivocado.

El diseño de Dios para el matrimonio no es una jerarquía sino un compañerismo igualitario, cariñoso, que cuida y que se caracteriza por la intimidad física, la unidad espiritual y la sumisión mutua. Pero no es fácil para nosotros los muchachos. Por causa del pecado tenemos tendencia al dominio, el control y el abuso. El orgullo nos viene naturalmente. Pero si invitamos a Cristo para que cambie nuestro corazón, entonces podemos esperar plenamente que Él cambie la manera en que tratamos a nuestra esposa.

¿Está usted dispuesto a permitir que Jesucristo lo cambie? Dondequiera que hablo con los hombres sobre el matrimonio, siempre los desafío a que se conviertan en la "cabeza" de sus esposas de tres maneras radicales.

1. Usted primero debe amar a su esposa como a una igual.

Una de las principales razones por las cuales hay mucha tensión en los matrimonios cristianos (y la razón por la que es tan alto el porcentaje de divorcios entre quienes asisten a la iglesia) es una enseñanza falsa o desequilibrada acerca de la sumisión. Si usted considera a su esposa como a un hijo o como a una compañera desigual que no tiene derecho a su propia opinión, está dando lugar a serios problemas en su relación.

Cuando Pablo escribió sus epístolas del Nuevo Testamento, los esposos básicamente eran los dueños de sus esposas. Las mujeres no tenían derechos civiles, y por lo general eran arrastradas como animales domesticados. Rara vez se les daba oportunidad de educarse y en la mayoría de los casos eran analfabetas; se las consideraba como sirvientas, objetos sexuales y máquinas de hacer bebés. (Sin mencionar el hecho de que muchos hombres de los tiempos bíblicos tenían varias esposas, y que a las mujeres siempre se las considera inferiores en las culturas poligámicas).

Sin embargo, Pablo contradice drásticamente esta visión pagana de la mujer y anuncia que el evangelio le ha traído una nueva dignidad. Les dice a los hombres de la iglesia efesia: "Así también los maridos deben amar a sus mujeres como a sus mismos cuerpos" (Efesios 5:28). Además, dijo a los esposos en el mismo capítulo: "Por lo demás, cada uno de vosotros ame también a su mujer como a sí mismo" (v. 33).

Éste era un mensaje radical en los días de Pablo. Los griegos ciertamente no creían que las mujeres merecieran amor o dignidad. Pero ésta es la manera cristiana, y ésta es la actitud de la cual Cristo nos dejó el modelo en todos sus tratos con mujeres durante su ministerio terrenal. El apóstol Pedro continuó este tema en su primera epístola cuando advirtió a los hombres que Dios no respondería sus oraciones si ellos adoptaban un bajo concepto de sus esposas. Escribió en 1 Pedro 3:7:

> Vosotros, maridos, igualmente, vivid con ellas sabiamente, dando honor a la mujer como a vaso más frágil, y como a coherederas de la gracia de la vida, para que vuestras oraciones no tengan estorbo.

Pedro no niega el hecho de que hay diferencias entre hombres y mujeres. Dios ciertamente quiere que los hombres sean masculinos y las mujeres, femeninas. Las diferencias de género son parte del orden de la creación, y no es correcto que cualquiera niegue eso o trate de cambiarlo.

Pero las características masculinas inherentes al hombre (tales como la fuerza física) nunca deben usarse para dominar a la esposa. Por el contrario, Dios dice que él se opondrá a un hombre que maltrate a su esposa, la vea como inferior o la mangonee de una manera chovinista. Sin importar cuán fuerte sea un hombre, ¡no deseará tener a Dios en contra!

Pedro nos estaba enseñando aquí que en el reino de los cielos, el fuerte debe aprender a ser manso. Nuestra fuerza debe ser templada. Según este pasaje, los hombres que honran a su esposa como compañera igual y la estiman como "coheredera" de la gracia de Dios disfrutarán de verdadero poder y autoridad. Mientras que quienes abusan de su poder carnal actuando como el "jefe" en realidad se arriesgan a perder esa autoridad.

2. Segundo, usted debe aprender a servir a su esposa.

Cuando comencé a viajar por Latinoamérica para predicar, noté que cuando teníamos reuniones para pastores rara vez traían a sus esposas. Finalmente pregunté por qué, y un hermano dio una respuesta sincera: "Es necesario que se queden en casa para cocinar".

En muchas culturas en desarrollo, las mujeres prácticamente viven en la cocina. Ése es su mundo. Su día comienza en la cocina preparando el desayuno, y para cuando lavan la vajilla de la mañana y la ropa, es hora de preparar otra comida. A veces preparar una comida implica sacar agua de un pozo, matar un pollo, caminar al mercado más de una vez por día, pelar verduras, acarrear leña y moler alimentos.

En la cultura machista de Latinoamérica usted difícilmente encontrará a un hombre en la cocina. Podrá trabajar mucho cosechando sandías, reparando rutas o conduciendo camiones, pero sólo cocina un hombre seguro. Es mucho más probable que lo pueda encontrar relajándose en su hamaca en el porche mientras su esposa cocina tortillas en la cocina caliente. Esta es una férrea tradición cultural.

De modo que se puede imaginar sus reacciones cuando les sugiero a estos *hombres duros* que deberían mostrar el amor de Cristo a sus esposas sirviéndolas en la cocina. Por lo general los hombres ríen nerviosamente o me miran perplejos. Servir a sus esposas es un concepto extraño. En muchas casas en países como México, Guatemala, o Ecuador, las esposas son simples sirvientas, sólo que no se les paga.

También encontramos esta actitud chovinista en los países occidentales más prósperos en que las mujeres tienen igualdad de oportunidades en el lugar de trabajo y acceso a niveles educativos avanzados. En algunos hogares estadounidenses en que tanto el esposo como la esposa tienen empleos a tiempo completo, el esposo espera que la esposa haga la comida, lave y limpie la casa ya que eso es "trabajo de mujeres". Esta clase de actitud es degradante para una mujer. Le dice que ella es inferior. Si queremos seguir el modelo de Cristo en nuestros hogares, debemos estar dispuestos a desafiar las tradiciones culturales, aunque nos hayan sido transmitidas en nuestras propias familias.

Cuando un hombre y una mujer se casan, deben cotejar sus horarios de trabajo y dividir las tareas con amor para que haya una división justa del trabajo. Si la familia que establecieron es más tradicional, en que el hombre tiene un empleo a tiempo completo y la mujer se queda en casa con los niños, es totalmente justo que ella tome más responsabilidades domésticas ya que su esposo no tendrá tiempo para ellas. Pero si ambos cónyuges trabajan, el esposo y la esposa deben compartir equitativamente esas tareas. No existe ningún pasaje de la Escritura que diga que las mujeres tienen que encargarse de toda la comida y el cuidado de los hijos.

Mi esposa y yo teníamos una organización tradicional mientras nuestras cuatro hijas eran pequeñas. Yo iba a trabajar todos los días y dejaba a Deborah para que cuidara a nuestras hijas, y este arreglo fue el mejor para nosotros. Pero a veces cuando llegaba a casa del trabajo, y mis hijas corrían a la puerta para saludarme, podía ver el cansancio en el rostro de mi esposa. Aunque ella amaba ser una mamá que se queda en casa, a veces se sentía abrumada. Siempre había un pañal que cambiar, una nariz para limpiar, un derrame que limpiar, o una pelea para arbitrar. El trabajo de una madre nunca termina.

De modo que había ocasiones en que le pedía a mi esposa que se tomara libre un sábado. La alentaba para que fuera a tomar un café con una amiga o simplemente se fuese de compras. Yo sabía que ella necesitaba un espacio para un respiro para no sofocarse bajo todas esas presiones maternales. Ella salía de casa, y yo hacía lo mejor que podía por cambiar pañales, preparar los sándwiches, limpiar los derrames y llevar a las niñas a algún lugar para que se divirtieran.

Puedo asegurarle que cuando esos "días de papá" llegaban a su fin, yo estaba más que exhausto. Servir a mi esposa de esa manera me ayudó a comprender la apariencia cansada que había visto en su rostro muchas veces. Y eso me ayudó a desarrollar un mayor aprecio por todo lo que mi esposa hizo para cuidar nuestra familia.

Creo que ésta es "la manera de Jesús" para que usted ame su esposa. ¡Usted debe servirla! Esto es lo que Pablo quería significar cuando les dijo a los esposos que amaran a sus esposas "como Cristo amó a la iglesia" (vea Efesios 5:25–26). En ese pasaje, Pablo también se refiere a la limpieza de la esposa por "el lavamiento del agua por la Palabra". Ésta es una referencia al día en que Jesús lavó los pies de los discípulos en la cena de la Pascua antes de la crucifixión.

Jesús ejemplificó a sus discípulos el liderazgo de siervo al lavarles los pies. En los tiempos bíblicos, el lavado de los pies era una tarea realizada por el sirviente de más bajo rango. Ningún machista del antiguo Israel se inclinaría tanto como para tocar una sandalia sucia. Sin embargo, ¿qué hizo Jesús? Se quitó la túnica, se puso la toalla de un esclavo de la casa, y mostró a sus discípulos el verdadero, humilde liderazgo.

Como esposos debemos estar dispuestos a hacer lo mismo en casa. Debemos estar dispuestos a ensuciarnos las manos haciendo cosas que no nos surgen naturalmente. Eso podría significar untar manteca de maní sobre el pan, poner las manos en el agua jabonosa de la vajilla, o limpiar la comida esparcida en una silla alta. Pregúntese: "¿Qué haría Jesús?". Si Él serviría a su esposa, entonces usted debería imitarlo en vez de actuar como un machista que piensa que es demasiado duro como para hacer las tareas domésticas.

3. Usted debe investir de autoridad a su esposa.

En 2006, hablé en una conferencia para pastores en la región de Punjab en el norte de la India. Se instó a los pastores a que vinieran con sus esposas a la conferencia, pero esto resultaba incómodo para ellos ya que nunca las habían incluido en ningún aspecto del trabajo de la iglesia. La mayoría de las mujeres, en realidad, dijeron que ésa era la primera vez que habían sido invitadas a algún tipo de conferencia. Una mujer me dijo: "Generalmente sentimos que somos el equipaje de nuestro esposo".

Durante esa conferencia hice una reunión especial para las damas, y llevé algunas mujeres de Estados Unidos que pudieran ministrarles mediante la predicación y la oración. Al finalizar esa sesión las mujeres estaban radiantes de entusiasmo. Muchas de ellas habían experimentado la llenura del Espíritu Santo por primera vez, otras fueron animadas a usar sus dones espirituales, otras fueron liberadas de depresión y otros problemas emocionales.

Mientras observaba esta audiencia de mujeres, el caleidoscopio de color me impactó. Las mujeres indias usan túnicas largas y sueltas llamadas *saris*. La variedad de telas que había en la iglesia ese día iba desde el turquesa al azul cielo, al amarillo canario, al rosa y al azul lavanda. Cuando las mujeres adoraban podía sentir el deleite del Señor mientras Él disfrutaba ese despliegue de color. Los diferentes tonos me recordaban la variedad de dones espirituales que Dios les había dado a estas preciosas mujeres, dones que nunca se habían dado cuenta de que tenían.

También me entristecía darme cuenta de que estas mujeres habían estado en la iglesia por muchos años y estaban casadas con pastores, y sin embargo, nadie las había alentado a entrar al ministerio. Algunas de ellas tenían dones de liderazgo y enseñanza. Otras tenían la gracia de Dios para trabajar con los niños o liderar grupos de oración. Muchas fueron llamadas para discipular a las mujeres. Pero nunca hasta ese día nadie siquiera las había notado. Eran invisibles. Y sus esposos no veían su potencial.

¿Y su esposa? ¿Sabe cuáles son los dones de ella? ¿La ha alentado en sus dones o la ha desafiado a avanzar hacia la plenitud de su potencial? ¿O se ha sentido amenazado por su esposa porque le preocupa que se la perciba como más espiritual que usted?

En muchas iglesias de hoy en día existe una regla sobreentendida de que los hombres deben liderar el camino. A las mujeres que tienen dones de liderazgo se las mira con sospecha, y se las insta a que coloquen sus ambiciones espirituales en un estante. La suposición subyacente es que ya que Dios creó primero al hombre y lo hizo "cabeza de la mujer", el hombre siempre debe ser dominante en las cosas espirituales.

Eso puede sonar como una teoría convincente, pero no tiene base escritural. Dios no siempre va primero a un hombre cuando quiere comenzar algo. Hay muchos ejemplos de la Biblia en que Dios llamó a las mujeres para realizar sus planes. En realidad, el supremo plan de Dios de la redención del mundo fue revelado a una jovencita, María, quien fue elegida para dar a luz al Salvador. Dios no envió al ángel de la anunciación primero a José para que le diera su permiso, ni buscó primero la aprobación del padre de María.

José probablemente habría roto su compromiso con ella si después Dios no le hubiera dado instrucciones más detalladas en un sueño. La Biblia dice que José planeaba dejar a María en secreto, supuestamente para poner fin al compromiso, pero así protegerla de que la castigaran públicamente por estar embarazada fuera del matrimonio. Observe lo que el ángel le dijo a José en Mateo 1:20:

> Y pensando él en esto, he aquí un ángel del Señor le apareció en sueños y le dijo: José, hijo de David, no temas recibir a María tu mujer, porque lo que en ella es engendrado, del Espíritu Santo es.

Después de recibir estas instrucciones, José se convierte en el protector de María. Reconoció que había algo santo que crecía dentro de ella. Se maravilló de la obra de Dios en ella. Él la protegió de los insultos y la vergüenza durante su embarazo y la ayudó a dar a luz al bebé Jesús en Belén. Cuando se conoció el complot asesino de Herodes, José llevó a María y al niño a Egipto. Hizo todo lo que pudo para proteger a María y a su hijo del peligro.

José ahora brilla como un modelo de esposo para todos nosotros. Deberíamos seguir su ejemplo. Su esposa no lleva al niño Mesías en su interior, pero si es cristiana sí lleva el llamado de Dios. Tiene dones y talentos que le han sido confiados. Sin embargo, esas gracias espirituales necesitan ser cultivadas, bendecidas y alentadas. Todas las mujeres tienen el potencial para llevar a cabo algo grande para Dios, pero con frecuencia no lo logran porque sus esposos desconocen sus dones por ignorancia o los aplastan con críticas y negativismo.

¿Qué clase de hombre es usted? ¿La clase que mantiene a su esposa callada y marginada, con temor de que lo eclipse de alguna manera? ¿O está dispuesto a que su esposa sea exitosa? Un hombre humilde y seguro alabará el carácter de su esposa, validará sus talentos, la ayudará a financiar su educación, le dará oportunidades y celebrará sus éxitos. Una mujer que es investida de poder de esa manera por un esposo amoroso terminará haciendo una marca en la historia.

Hablemos de esto

1. ¿Cuál es la manera más semejante a Cristo en que un esposo y su esposa deben resolver sus desacuerdos?
2. Jesús dejó el modelo para una nueva clase de liderazgo al lavar los pies de los discípulos. ¿Cómo puede usted ejemplificar el liderazgo de siervo en su hogar? (Y si no está casado, ¿cómo planea hacer esto en su matrimonio?)
3. ¿Piensa que usted y su esposa han dividido justamente la carga de trabajo en su hogar? ¿Hay oportunidad para mejorar eso?
4. Confeccione una lista de los talentos y dones espirituales de su esposa. ¿Cómo puede alentarla para que desarrolle su potencial?

Oremos por esto

Padre, ayúdame a ver a mi esposa como mi compañera igual y apreciada. Reconozco que tú has depositado algo santo en mi esposa. Así como María llevó al niño Cristo, sé que mi esposa lleva un ministerio de Dios. Ayúdame a proteger y cultivar todo lo que has colocado dentro de ella. Ayúdame a hablar palabras positivas de vida en vez de críticas. Amén.

Siempre digo que ahora estoy en mis años rubios. Porque desde que finalizó mi matrimonio todas mis novias han sido rubias.[1]

—Hugh Hefner,
editor de la revista *Playboy*

No creo que haya hombres que sean fieles a su esposa.[2]

—Jacqueline Kennedy Onassis

Cuando un hombre de cuarenta se enamora de una chica de veinte, no es la juventud de ella lo que busca sino la suya.[3]

—Lenore Coffee

Los niños son niños y también lo son muchos hombres de mediana edad.[4]

—Kin Hubbard

MENTIRA Nº 5

EL SEXO ES PRINCIPALMENTE PARA EL GOCE DEL HOMBRE, NO DE LA MUJER.

En la película de 2008 *Quién quiere ser millonario*, dos hermanos terriblemente pobres de la India, Jamal y Salim, se hacen amigos de una chica huérfana llamada Latika.[5] La madre de los chicos acaba de ser asesinada en un disturbio religioso entre hindúes y musulmanes. Los tres niños son entonces capturados por jefes del crimen y forzados a trabajar como mendigos en las calles de Mumbai, así que deciden escapar. Los chicos logran saltar a un tren en movimiento, pero Latika no puede correr tan rápido y termina quedando cautiva de sus crueles propietarios. En ese momento Jamal hace un voto de encontrar a su amiga cueste lo que cueste.

Algunos años más tarde, cuando Jamal se ha convertido en un adolescente, sabe por uno de sus amigos huérfanos ciegos que Latika ha sido forzada a trabajar como prostituta en una infame zona roja de Mumbai. Él y Salim van a ese lugar, que se llama Kamathipura. Se horrorizan al encontrar cientos de jóvenes y niñas que proveen sexo a los clientes masculinos, todo para beneficio de sus dueños rufianes. Cada muchacha trabaja en un sucio compartimiento de unos pocos pies de ancho. Los muchachos logran rescatar a Latika justo antes de que un hombre de mediana edad le robe su virginidad.

Desearía poder decir que esto es sólo una escena de una película, pero Kamathipura es un lugar real. Ya en la década de los noventa había más de cincuenta mil mujeres y niñas trabajando en este distrito de burdeles. Algunas de ellas habían sido traídas de Nepal y de otros países y eran drogadas y golpeadas para someterlas hasta que aceptaban trabajar para sus jefes.

Durante una visita a Mumbai en 2009 me encontré con Biju Thampy, un misionero indio que ha plantado una iglesia y un centro de alimentación cerca del basural más grande del mundo. Biju me dijo que en una ocasión guió a una joven prostituta a Jesucristo mientras predicaba el evangelio cerca de Kamathipura. La chica había contraído el virus del SIDA, de modo que sus dueños ya no la necesitaban. Biju le preguntó a los criminales cuánto dinero le costaría comprar su libertad.

Los proxenetas se tomaron un tiempo para calcular el monto. Tenían que calcular cuánto dinero solía ganar cuando era obligada a tener sexo con docenas de hombres cada día. Luego bajaron el precio por causa de su enfermedad. Regresaron a Biju y le dieron el precio con el descuento. Era de US$ 18.

Nos resulta difícil a cualquiera de nosotros imaginar que alguien le ponga un precio tan bajo a una vida humana. Pero así es como los delincuentes de Mumbai ven a las prostitutas de la calle. Si esta mujer hubiera sido una virgen más joven y más saludable, el precio hubiera sido mucho mayor. Pero en Kamathipura, las mujeres son baratas. Son sólo cosas desechables al servicio del placer de los hombres.

El sexo no es sólo cosa suya

En el primer siglo, cuando las mujeres carecían absolutamente de derechos humanos, el apóstol Pablo escribió unas palabras revolucionarias acerca del matrimonio que desafiaron las viejas ideas respecto del hombre y la sexualidad. Escribió en 1 Corintios 7:2–4:

> pero a causa de las fornicaciones, cada uno tenga su propia mujer, y cada una tenga su propio marido. El marido cumpla con la mujer el deber conyugal, y asimismo la mujer con el marido. La mujer no tiene potestad sobre su propio cuerpo, sino el marido; ni tampoco tiene el marido potestad sobre su propio cuerpo, sino la mujer.

Debemos recordar que estas palabras fueron escritas a los corintios, quienes vivían en una antigua ciudad griega que estaba dominada por el Templo de Afrodita, la diosa del amor y la sexualidad. El erudito bíblico William Barclay señala que mil prostitutas del culto descendían de la Acrópolis cada noche para ofrecerse a los muchos marineros y comerciantes que atravesaban la ciudad costera. El lugar era como un gigantesco burdel del Mediterráneo. "El mismo nombre de Corinto era sinónimo de corrupción", escribe Barclay.[6]

Corinto no era diferente de la zona de Kamathipura en Mumbai. La inmoralidad repugnante era la regla allí. Las sacerdotisas de Afrodita se involucraban continuamente en sexo con los hombres en la proximidad de su altar, que se caracterizaba por una imagen de mármol de la deidad desnuda.[7] Corinto era una fortaleza de maldad, pero Pablo fue lo suficientemente valiente como para ir allá a establecer una cabecera de playa de avance del evangelio. Y después de ganar a sus primeros convertidos, trabajó mucho para discipularlos en los caminos de la rectitud. Tenía que dar nueva forma a los antiguos patrones de pensamiento.

¿Puede imaginarse lo difícil que habrá sido enfrentar las tradiciones pecaminosas de Corinto? Los hombres habían sido instruidos para ser inmorales. No tenían noción de un pacto matrimonial santo. Satisfacían sus necesidades sexuales con prostitutas cuando les placía, aunque tuvieran una esposa (o varias) en casa. Se les había enseñado que los dioses aprobaban que tuvieran muchas parejas sexuales. La inmoralidad formaba parte de sus rituales de adoración idolátrica. Ahora se les dice que el verdadero Dios en realidad quiere que se abstengan del adulterio, la fornicación, la homosexualidad y todas las demás prácticas sexuales que están fuera de los límites del matrimonio.

Cuando Pablo se dirigió a los corintios, hizo más que reforzar el estándar bíblico de la monogamia. Después de establecer que Dios quiere que un hombre y una mujer se casen, explicó que hay *igualdad* en la relación sexual. Dijo que el hombre tiene autoridad sobre el cuerpo de su esposa, y la esposa tiene autoridad sobre el cuerpo del hombre. Reconoció que tanto los hombres como las mujeres tienen necesidades sexuales, y los esposos y esposas tienen iguales deberes uno para con el otro. Esto era revolucionario en el primer siglo y lo sigue siendo hoy en la mente de muchos hombres que piensan que el sexo sólo es cuestión de ellos y de sus necesidades.

Los hombres de la antigua Corinto creían que sus esposas debían proveerles sexo cada vez que ellos se lo exigieran. Si las esposas se resistían, los esposos las forzaban. Y si los hombres querían más sexo, podían ir al templo y encontrar otro par de pechos y una vagina para complacerlos. No tenían consideración por los sentimientos de las mujeres. Las mujeres no tenían valor intrínseco, sólo eran partes del cuerpo diseñadas para ayudar a los hombres a encontrar placer.

Pero Pablo cortó con esta actitud machista y enseñó que las esposas también son personas. Tienen valor y mérito como hijas de Dios. Además tienen necesidades sexuales y se espera que sus esposos las satisfagan. De este modo Pablo hizo el trabajo preliminar para establecer una nueva visión del matrimonio: un compañerismo igualitario, cariñoso y tierno; comunicación mutua; intimidad; y dar y recibir.

Las enseñanzas de Pablo a los corintios y otros pasajes bíblicos similares me han ayudado a desarrollar una visión sana de la sexualidad que guía mi propio matrimonio. Éstas son algunas claves que usted debe aceptar si quiere algo más que una vida sexual unilateral.

1. El sexo no se limita al acto sexual.

Todos sabemos que la respuesta sexual de un hombre es totalmente diferente de la de una mujer. Los tipos se excitan rápidamente y al momento están listos para hacerlo. Las mujeres, por el contrario, generalmente experimentan una excitación más gradual. Los hombres están hechos como autos deportivos: podemos pasar de cero a ochenta millas por hora en unos segundos. Si sólo dependiera de nosotros, saltaríamos a la cama y terminaríamos todo en un minuto. De allí la frase: "Pim, pum y ya se acabó ".* Para muchos hombres, el sexo es una carrera que implica estos pasos: (1) saltar a la cama: (2) tener una rápida erección; (3) hacer el amor por unos segundos hasta que se apague el fuego; y (4) decir buenas noches y dormirse. (Y los tipos más insensibles ni siquiera dicen buenas noches).

De modo que para muchos individuos, el sexo simplemente consiste en "el gran momento" de su orgasmo. Hay poco o nada de estimulación erótica, ni verdadera ternura, ni comunicación. Las mujeres que están casadas con estos entusiastas del auto deportivo por lo general están sumamente insatisfechas. El sexo se convierte en algo que ellas sencillamente soportan, porque sus esposos no tienen ni idea de lo que ellas necesitan.

Usted debe aprender a hacerlo más lentamente. El solo hecho de que usted tenga un poderoso motor no significa que deba empujar el acelerador hasta el piso. Para satisfacer a su esposa se debe concentrar en asegurarse de que ella esté completamente excitada. Ella quiere ser besada, abrazada, acariciada con ternura, y tocada en todos los lugares adecuados antes de que comience el coito. Esto requerirá que usted deje en suspenso sus propias necesidades para servirla a ella. Y aprender a servir sexualmente a su esposa es una excelente manera de dominar su ego masculino. Pablo les dijo a los esposos en Efesios 5:25–26:

> Maridos, amad a vuestras mujeres, así como Cristo amó a la iglesia, y se entregó a sí mismo por ella, para santificarla, habiéndola purificado en el lavamiento del agua por la palabra.

Esta actitud de servicio desinteresado debería caracterizar cada área de nuestro matrimonio, pero ciertamente debe ser nuestra regla en el dormitorio. Su esposa no encontrará satisfacción sexual si usted sólo está interesado en obtener un rápido golpe de

* "Slam, bam, thank you ma'am" (slam, bam, gracias señora), en el original inglés.

excitación mientras ella yace allí y lo tolera. Eso es egoísta. Usted debe poner las necesidades de su esposa antes que las suyas. Asegúrese de oler bien (pregúntele a ella que colonia prefiere), y cepíllese los dientes y use enjuague bucal antes de saltar a la cama. Pregúntele cómo quiere que la toque. Si usted no es un romántico por naturaleza, permita que ella lo guíe.

Además, recuerde que la estimulación erótica no comienza en el dormitorio. A menudo comienza horas antes, cuando usted se ofrece para ayudarla a limpiar la cocina, sacar la basura, colocar una lámpara o frotarle la nuca en el sofá después de haber tenido un día difícil. Si usted empieza la cena gritándole órdenes o criticándola, sólo ha estropeado las oportunidades que tenía de tener relaciones sexuales significativas esa noche. Una mujer quiere ser amada a lo largo del día, no sólo cuando usted decide que es hora de una excitación momentánea.

2. El sexo no sólo es cuestión de su pene.

Afrontémoslo: la mayoría de los hombres tenemos una fijación con nuestros órganos sexuales. Ha sido así desde que llegamos a la pubertad y descubrimos la masturbación. Durante los años de la adolescencia cuando estábamos cambiando desde la inmadurez de la niñez a la responsabilidad de la adultez, vimos el sexo desde una perspectiva totalmente egoísta, y la masturbación era la personificación de ese egoísmo. Es normal que los jóvenes descubran el placer sexual y que entiendan cómo funciona su cuerpo, y no deberíamos condenar a los muchachos por eso. Pero una vez que los muchachos se convierten en hombres, deben madurar y reconocer que el sexo ya no es un *show* unipersonal.

El apóstol Pablo, cuando enseñaba sobre el amor piadoso dijo: "Dejé lo que era de niño", cuando se convirtió en hombre (1 Corintios 13:11). Esto ciertamente se aplica al área sexual. Muchos individuos necesitan dejar de lado sus actitudes inmaduras respecto al sexo y dejar de actuar como los colegiales de *Animal House*. Muchos hombres tratan al sexo con su esposa como una forma de masturbación. Cuando eran jóvenes se masturbaban mientras miraban figuras de modelos desnudas en *Hustler*. Cuando se casaron, sólo cambiaron las fotografías subidas de tono por una mujer real. Esto hace que una esposa se sienta usada. Es una negación de su personalidad y la hace sentir como si fuera sólo un objeto sexual sin sentimientos o deseos propios.

Cuando era adolescente hurgué en alguna pornografía blanda que estaba disponible en el negocio local. Una de las revistas publicitaba una muñeca de plástico inflable que estaba hecha como una mujer voluptuosa. Tenía una etiqueta con el precio, así que supuse que los adultos realmente compraban esos juguetes sexuales sin vida. No puedo imaginar nada más triste y desagradable que un hombre solitario que tiene sexo con una mujer de plástico, pero estoy seguro de que algunos hombres hacen eso hoy en día. Lo que es aún más lamentable es que algunos hombres ven a sus esposas como maniquíes anatómicamente correctos. Esto podría explicar por qué muchos hombres hoy insisten en que sus esposas se hagan implantes de mamas; estos hombres quieren que sus esposas luzcan como la muñeca Barbie, modelos de moda que vieron en una película pornográfica.

Si usted realmente quiere servir sexualmente a su esposa y poner las necesidades de ella por encima de las suyas, su prioridad debería ser que ella alcance un orgasmo cuando usted le hace el amor. Muchos hombres no entienden esto. Piensan que su esposa tendrá un orgasmo sólo por el placer del coito.

Usted debe darse cuenta de que la respuesta sexual de una mujer mejora especialmente por la estimulación manual de sus genitales, particularmente el clítoris, la protuberancia de piel en forma de botón que está ubicada en la parte superior de la vagina. Esta pequeña área del cuerpo de la mujer es su zona erógena más sensible. Si el esposo frota suavemente esa parte del cuerpo de su esposa durante la estimulación erótica, usando alguna especie de lubricante, el clítoris de la mujer aumentará de tamaño, los lubricantes naturales humectarán la vagina y su mecanismo sexual estará listo para acelerarse.

Usted no debería desilusionarse al aprender que la mayoría de las mujeres no pueden llegar a un orgasmo simplemente por las acciones de empuje del hombre. Esto se debe a que el pene no estimula directamente el clítoris durante el coito. Sin embargo, cuando el hombre estimula el clítoris con su mano mientras empuja, la mujer llegará fácilmente al orgasmo.

Cuando un terapeuta sexual le preguntó en una ocasión a las mujeres: "¿Cuál piensa que es el órgano sexual más importante?", muchas dijeron: "La mano de mi esposo". A su esposa le encanta su pene, estoy seguro, pero desea todo de usted. Y necesita que usted comprenda la intrincada manera en que Dios hizo su cuerpo, para que le pueda brindar la máxima satisfacción sexual.

Hablemos de esto

1. ¿Por qué el pasaje de 1 Corintios 7:2–4 fue tan revolucionario para el tiempo en que fue escrito?
2. ¿Cómo describiría la diferencia entre la respuesta sexual de un hombre y de una mujer?
3. Si usted está casado, ¿de qué manera podría mejorar la manera de servir sexualmente a su esposa?
4. ¿De qué manera nuestra cultura hace que los hombres vean a las mujeres como objetos sexuales?

---

3. El sexo no es el centro de su programa.

En una ocasión oré por una mujer que vino llorando al altar de la iglesia. Dijo que su esposo le exigía sexo varias veces al día. Y si protestaba la violaba. Este hombre, un cristiano profeso, citaba además el versículo de la Biblia acerca de que las mujeres debían someterse a sus esposos.

Ese versículo de Efesios 5:22 dice: "Esposas, sométanse a sus propios esposos como al Señor" (NVI). Fue escrito por Pablo, quien además escribió el pasaje de 1 Corintios 7:2–4 acerca de que las esposas tienen autoridad sobre el cuerpo de su esposo. Debemos leer los dos pasajes antes de construir una doctrina. Numerosas mujeres cristianas han sido heridas porque sus esposos recitaban el pasaje de Efesios y no el de 1 Corintios. Se supone que debemos buscar todo el consejo de Dios, no sólo parte de él.

Como ya se ha afirmado en el capítulo 4, el concepto bíblico de la sumisión no da derecho a ningún esposo a no considerar los sentimientos de su esposa, ni a silenciarla, ni a negar su valor como su compañera e igual en el matrimonio. Y ciertamente no le da al hombre el derecho de violar a su esposa. La verdadera sumisión bíblica nunca es impuesta. Y no es esclavitud; es una libre elección de la mujer.

Justo antes del pasaje de Efesios 5:22, Pablo dice en el versículo 21: "Sométanse *unos a otros*, por reverencia a Cristo" (NVI, énfasis agregado). Implícito en la construcción de este pasaje está el concepto de que la sumisión de una mujer a su esposo se realiza en el espíritu de mutua sumisión. En otras palabras, el matrimonio nunca es una calle de una sola vía. Y tampoco lo es la vida sexual de una pareja casada.

Así que, ¿cómo determinan las parejas casadas la frecuencia del sexo en su matrimonio? Todos sabemos que aquí entran en juego muchos factores. La esposa puede estar teniendo su periodo menstrual. El esposo puede estar demasiado cansado. Uno de los cónyuges puede tener dolor de cabeza. Puede haber niños durmiendo en el dormitorio. La pareja puede hacerse mayor y los apremios sexuales cambian. Depende del esposo y de la esposa hablar abiertamente de su vida sexual. Pero usted jamás debería obligar a su esposa a tener sexo si ella no está física o emocionalmente dispuesta.

Una esposa, por supuesto, también debe tener una actitud de sierva en el área sexual. Nunca debería rehusarse al sexo porque su esposo la fastidió o usar el sexo como un arma para manipular una decisión. Si su esposo viaja regularmente, debería determinarse a satisfacer sus necesidades sexuales cuando él está en casa. Si ambos cónyuges adoptan una política de amor desinteresado, su vida sexual se enriquecerá y será más significativa a medida que envejecen juntos.

4. El sexo es un regalo de Dios que usted debe proteger.

Muchos hombres que conozco aprendieron los hechos de la sexualidad de algún compañero de clase o de sus amigos en la calle. Conocí a un muchacho que aprendió los hechos de la vida cuando descubrió un montón de pornografía dura en el armario de la habitación de su hermano. Eso es triste, porque los padres deberían enseñar a sus hijos las cosas de la vida. Cuando aprendemos del sexo en otras fuentes, pensamos que es sucio; cuando aprendemos de padres piadosos, lo respetamos como una bendición de Dios que debemos atesorar.

Uno de los mejores consejos sexuales jamás escrito fue transmitido por el rey Salomón a su hijo. Escribió en el libro de Proverbios:

> Bebe el agua de tu propio pozo, el agua que fluye de tu propio manantial. ¿Habrán de derramarse tus fuentes por las calles y tus corrientes de aguas por las plazas públicas? Son tuyas, solamente tuyas, y no para que las compartas con extraños. ¡Bendita sea tu fuente! ¡Goza con la esposa de tu juventud! Es una gacela amorosa, es una cervatilla encantadora. ¡Que sus pechos te satisfagan siempre! ¡Que su amor te cautive todo el tiempo!
>
> —Proverbios 5:15–19, NVI

En este pasaje se compara el matrimonio agradable a Dios, y específicamente la sexualidad, con la fuente de un jardín privado. En la antigüedad, la gente tenía patios amurallados que a veces incluían fuentes. No eran para consumo público. Estaban amurallados para mantener fuera a los intrusos y proteger la frescura del agua.

El sexo agradable a Dios en el matrimonio es así. Es un jardín amurallado, protegido por todas partes por las fronteras de la santidad y la decencia. Provee al esposo y a la esposa un profundo refrigerio, y es puro y lleno de gozo. El sexo de la manera en que Dios lo dispuso nunca es sucio, doloroso, o bochornoso. Da vida. Los médicos incluso han comprobado que el sexo en forma regular provee beneficios para la salud de la pareja, y que un orgasmo es una manera excelente de aliviar el estrés y mantener el corazón sano.

Pero por causa de la disfunción familiar, la falta de enseñanza adecuada, y las influencias culturales, muchos cristianos traen impureza a sus matrimonios. Contaminan el pozo puro del sexo matrimonial con sustancias tóxicas. Suponen que sólo por ser cristianos, pueden hacer cualquier cosa y todo lo que quieran en la cama con su esposa, sin embargo, el Nuevo Testamento nos dice en Hebreos 13:4:

> Honroso sea en todos el matrimonio, y el lecho sin mancilla; pero a los fornicarios y a los adúlteros los juzgará Dios.

En otras palabras, es nuestra responsabilidad mantener puro el lecho matrimonial. No debemos permitir en nuestra vida sexual nada que traiga corrupción. Sin embargo, a lo largo de los años he orado por muchas mujeres que sufrían porque sus esposos hacían caso omiso de esta advertencia. Considere estos ejemplos:

- Algunos cristianos que luchan con la pornografía tratan de obligar a sus esposas a mirar videos para adultos para poder copiar lo que se exhibe en la película.
- Algunos hombres obligan a sus esposas a realizar actos sexuales (tales como sexo oral o anal) que ellas desaprueban.
- Algunos hombres quieren que sus esposas participen en extraños juegos sexuales que implican ataduras o tortura o que requieren tener sexo en lugares públicos.
- Algunos hombres quieren ser sumamente rudos durante la relación sexual, y pueden forzar a sus esposas a someterse a insultos, palizas, u otras formas de violencia.
- Algunos esposos quieren coaccionar a sus esposas para que acepten el cambio de parejas o el sexo entre tres personas.

Conocí a un hombre que exigía que su esposa le realizara sexo oral y le decía que la Biblia requería que lo hiciera a causa de la orden bíblica de la sumisión de la esposa. Los cristianos tiene diferentes opiniones en cuanto al sexo oral, pero algo está claro: un esposo nunca tiene derecho a exigir que su esposa realice un acto sexual que encuentra desagradable o excesivo. Forzarla a tal sumisión es una profanación de la santidad el matrimonio.

Cuando un hombre y una mujer se paran ante un altar y repiten sus votos matrimoniales, el ministro declara que han entrado en un pacto llamado "santo matrimonio". La unión ha sido santificada. Es especial ante los ojos de Dios. No permita nada que lo degrade. Si usted tiene algún problema sexual no resuelto de su pasado, encontrará difícil mantener el muro de protección alrededor de la fuente de su jardín. Debe determinar que su matrimonio se mantendrá puro, y debe confiar en que la gracia de Dios lo haga un buen administrador de este precioso don.

Hablemos de esto

1. Efesios 5:22 dice: "Esposas, sométanse a sus propios esposos como al Señor" (NVI). ¿Cómo se aplica esto en el área sexual?
2. ¿Qué quiere decir el autor de Hebreos cuando dice que el lecho matrimonial sea sin mancilla (Hechos 13:4)?
3. Piense en los años de su niñez y adolescencia. ¿Quién le habló por primera vez de los hechos de la sexualidad? ¿Fue su padre, su madre, u otra persona? ¿Cómo le afectó esto más tarde en su vida?
4. ¿Hay algún problema sexual no resuelto en su vida por el que necesite orar? ¿Encuentra cómodo hablar al respecto con un pastor o un hermano cristiano maduro?

Oremos por esto

Para hombres casados

Padre, dijiste que los limpios de corazón verán a Dios. Quiero caminar en santidad. Te confieso el área de impureza sexual que he traído a mi matrimonio. Decido renunciar a este pecado. Límpiame y perdóname. Ayúdame a amar a mi esposa como mi igual, a estimarla como preciosa y valiosa, y a interesarme más por sus necesidades que por las mías. Amén.

Oremos por esto

Para hombres solteros

Padre, dijiste en Génesis 2:18 que no es bueno que el hombre esté solo. Tengo confianza en que traerás a mi vida la mujer que elegiste. Te confieso toda área de impureza sexual que me haya hecho tropezar. No quiero llevar esa corrupción a mi futuro matrimonio. Límpiame y perdóname. Ayúdame a tener una perspectiva de las mujeres que va de acuerdo con la tuya, y a verlas como a mis iguales. Y cuando encuentre a mi esposa, ayúdame a amarla, valorarla y atesorarla como un regalo de Dios. Amén.

Todavía me cuesta hablar del día en que fui a visitar un refugio para niños que fueron víctimas de hogares con violencia doméstica. Las clases de abuso que habían sufrido, y lo que les habían hecho física y emocionalmente no tengo palabras para lo que vi. Esto debe parar.[1]

—Mike Crapo, senador de Idaho

Si las cifras que vemos de violencia doméstica se aplicaran a la violencia del terrorismo o de las pandillas, el mundo entero se levantaría en armas y sería el artículo principal en las noticias todas las noches.[2]

—Mark Green, congresista de Wisconsin

Siempre he pensado que un buen azote con un látigo te beneficiaría inmensamente.[3]

—Clark Gable
como Rhett Butler, a Scarlett O'Hara,
en *Lo que el viento se llevó*

Todo hombre es un rey, y aquí el rey soy yo. No lo olvides.[4]

—Marlon Brando
como Stanley Kowalski en *Un tranvía llamado deseo*

MENTIRA Nº 6

ESTÁ BIEN QUE UN HOMBRE GOLPEE O ABUSE DE UNA MUJER.

Rara vez hablamos del problema de la violencia familiar. Es algo que les ocurre a otras personas en lo secreto de sus propios hogares. Es raro que se lo saque a la luz. Mayormente se debe que los hombres no admiten que abusan de sus esposas o novias (a menos que sean confrontados directamente), y las mujeres que son abusadas tienen demasiada vergüenza para admitirlo. En muchos casos, las mujeres abusadas tienden a justificar la violencia de su pareja para poder permanecer en la relación, sin importar cuánto han sufrido ellas y sus hijos. Debido a su baja autoestima, resuelven que es mejor vivir con un hombre que las golpea que no tener ninguno.

El problema se convirtió en un tema de debate nacional en Estados Unidos en 2009 después de que la cantante pop y modelo Rihanna (su verdadero nombre es Robyn Rihanna Fenty) canceló su aparición en la ceremonia de los premios Grammy.[5] Posteriormente se reveló que su entonces novio, el cantante de hip-hop Chris Brown, había abusado de ella y realizado serias amenazas. Un día después se dieron a conocer impactantes fotografías que mostraban a Rihanna golpeada y con moretones. Su rostro y labios estaban grotescamente hinchados, y tenía cortes en las mejillas y la frente.[6]

Brown finalmente se confesó culpable del delito de agresión grave y fue sentenciado a cinco años en libertad condicional. Cuando la protesta generalizada se volvió más intensa la anfitriona del programa de entrevistas Oprah Winfrey dedicó su programa al tema de la violencia familiar y exploró las razones por las que las mujeres permanecen con hombres abusivos, aun cuando sus vidas corren peligro. Miró a las cámaras y suplicó a las mujeres que dejaran esa situación: "Si un hombre golpea una vez, lo hará otra vez", dijo Oprah.[7]

Sin embargo, en las discusiones públicas del caso Rihanna en la Internet, muchos de los fans de Brown, incluso muchas mujeres, en realidad culpaban a Rihanna por el abuso: "Probablemente ella se lo merecía", o "Probablemente hizo algo para enojarlo", eran las respuestas típicas.[8] Un hombre escribió este comentario atroz en un foro de la web: "Las mujeres disfrutan el ser golpeadas. Hace años yo tenía una novia que me recordaba que la golpeara una vez por semana después de haberla amenazado".[9]

¿Cómo puede alguien aceptar la idea de que está bien golpear, dar puntapiés, morder, o abofetear a una mujer con la cual se mantiene una relación? ¿Y qué ocurre con la mente de una mujer que la condiciona a aceptar ese trato? El abuso generalmente es una conducta aprendida, y muchos hombres abusivos crecieron viendo que sus padres golpeaban a sus madres. De manera similar, muchas mujeres que toleran el abuso crecieron en hogares en que veían a sus madres continuamente abusadas por sus esposos y novios. El abuso inicia un círculo vicioso que continúa a través de las generaciones. Las heridas generan más heridas.

Esta clase de violencia realmente se ha convertido en una epidemia silenciosa en nuestra cultura. Las mujeres sufren un increíble dolor en manos de sus esposos, novios y a veces hasta de sus padres. Ocurre no solamente en la cultura secular sino también en la iglesia, aunque rara vez se trate el tema desde el púlpito. Los hechos no mienten. Considere estas estadísticas:

- En todo el mundo al menos una de cada tres mujeres ha sido golpeada, obligada a tener sexo, u otro tipo de abuso durante su vida.[10]

- Alrededor de 324,000 mujeres estadounidenses sufren violencia de sus cónyuges durante su embarazo.[11]
- En promedio, más de tres mujeres son asesinadas por sus esposos o novios en los Estados Unidos cada día.[12]
- La violencia doméstica es la causa más importante de heridas en mujeres de edades entre quince y cuarenta y cuatro años en los Estados Unidos.[13]
- Las mujeres embarazadas y las recientemente embarazadas tienen mayor probabilidad de ser víctimas de homicidios que de morir por cualquier otra causa.[14]
- Aproximadamente una de cada cinco estudiantes secundarias informa haber sido abusada física o sexualmente por un chico con el que salieron.[15]
- Tres de cada cuatro mujeres (el 76 por ciento) que informaron haber sido violadas o agredidas físicamente desde la edad de dieciocho años dijeron que el esposo actual o el anterior, el concubino, o el acompañante cometieron el delito.[16]

En los Estados Unidos, la aceptación de la conducta abusiva es especialmente común en la música rap. En 2007, dos investigadores, Chris Kubrin y Ronald Weitzer, estudiaron las letras de cientos de raps y presentaron sus descubrimientos en la Sociedad Norteamericana de Criminología. Concluyeron que la música rap definitivamente promueve la misoginia, u odio a las mujeres. Las canciones estudiadas contenían estos cinco temas en común relacionados con el abuso de la mujer:

1. Poner nombres despectivos y vergonzosos a las mujeres
2. Convertir a la mujer en objeto sexual
3. Desconfiar de la mujer
4. Legitimación de la violencia contra la mujer
5. Exaltación de la prostitución y la trata[17]

El *gangsta rap* * comenzó en las ciudades del interior de Estados Unidos, pero ahora es popular entre la juventud negra, blanca

* gangsta rap: rap pandillero

y latina, incluso en los suburbios de la clase media y de la clase alta. La mayoría de los cantantes de rap son varones y sus grabaciones ofrecen una cruda descripción de la vida del gueto que se caracteriza por los insultos de grueso calibre, las gráficas descripciones de sexo ilícito y numerosas referencias a las drogas ilegales. Uno de los temas más comunes del rap es la idea de que un hombre prueba que es duro cuando abusa de las mujeres o las fuerza a tener relaciones sexuales con él.

Artistas tales como Eminem, Snoop Dog, Notorious B.I.G, Three 6 Mafia, y otros raperos han grabado canciones de este género. Muchas de sus canciones plagadas de insultos incluyen referencias degradantes a las mujeres como sexualmente disolutas. Otros dan referencias gráficas a violar a las mujeres, abofetearlas y quebrarles huesos. Una canción incluso describe a un hombre golpeando a una mujer hasta que le sangre la nariz. Otra canción popular describe a un hombre que mantiene un arma en la garganta de una mujer.

El tema común en muchas de estas canciones es la desvalorización de la mujer, dando a entender que sólo valen un momento de placer sexual y nada más. En su informe, Kubrin y Weitzer señalan que en la música rap, mientras las mujeres casi siempre son denigradas, los hombres que abusan verbal o físicamente de ellas son alabados por el resto de los hombres del vecindario. En algunas canciones hasta se ensalza la violación en grupo.

¿Por qué sorprendernos tanto de que la violencia familiar sea un problema en nuestro país cuando los jóvenes escuchan constantemente esta basura? En el fundamento mismo de la industria de la música rap está el concepto retorcido de que un "verdadero hombre" es duro y brutal y prueba su hombría violando o abusando de tantas mujeres como sea posible.

Arroje sus piedras

Jesucristo vivió en una cultura que era sumamente abusiva hacia las mujeres. En los tiempos bíblicos las mujeres tenían pocos derechos humanos. Se veía a la mujer como una propiedad y se le negaba el acceso a la educación. La mayoría eran iletradas.

Ellas llevaban a cabo la mayoría de las tareas más serviles y demoledoras mientras que los hombres se sentaban y observaban. Se esperaba que realizaran todas las tareas domésticas: buscar agua, preparar las comidas, tener bebés, ocuparse de los niños, realizar tejidos, confeccionar prendas, vender su mercancía en el mercado y recoger leña. También se esperaba que proveyeran sexo a sus esposos cada vez que ellos se lo exigieran, pero a veces los hombres tenían muchas esposas u otras mujeres a su lado. El sexo consistía siempre en satisfacer las necesidades del hombre.

Una mujer nunca podía cuestionar las decisiones de su esposo. Las mujeres estaban entrenadas para mantenerse calladas al margen de la sociedad. Estaban cubiertas con yardas de tela. Se esperaba que permanecieran en sus casas a menos que viajaran en grupos. Se sentaban al fondo de la sinagoga, a veces detrás de una cortina.

Los hombres, incluso los líderes judíos, miraban con desdén a las mujeres. Los rabinos dirigían su enseñanza sólo a los hombres. En realidad, algunos rabinos recitaban esta máxima como una de sus tradiciones: "Es obsceno que una mujer enseñe la Torá". Ni siquiera creían que las mujeres tuvieran derecho a aprender de las Escrituras. Los hombres de Israel pensaban que todas las mujeres eran ignorantes, engañosas, astutas e inmorales. Si un rabino veía a una mujer viniendo por la calle hacia él, cruzaba al otro lado. Y en esta cultura patriarcal, los hombres creían que las mujeres eran culpables hasta que se demostrara su inocencia.

Pero cuando leemos los Evangelios vemos que Jesucristo tuvo una perspectiva revolucionaria de las mujeres. ¡Era distinto a todos los rabinos de Israel! Los rabinos, por ejemplo, detestaban hablar de las mujeres, y menospreciaban la vida doméstica de la mujer. ¿Qué hizo Jesús? Contaba parábolas que con frecuencia mencionaban el trabajo de la mujer. Habló de una mujer que perdió una moneda y otra mujer que puso levadura en tres trozos de masa. Jesús incluyó a las mujeres en su ministerio, y se dirigió a ellas directamente, incluso tenía mujeres entre sus seguidores, aunque ningún otro rabino en Israel creía en el tener mujeres como discípulas.

Jesús además se refirió al abuso de las mujeres en su cultura, a veces abiertamente y otras de maneras sutiles. En una ocasión sanó a una mujer que había tenido una hemorragia por doce años. Una mujer con esta clase de problema femenino debe haber sido una marginada social, pero Jesús no la marginó. ¡Él alabó su fe! Otra mujer, que era prostituta, vino a Jesús y comenzó a lavarle los pies con sus lágrimas. Cualquier otro rabino la hubiera reprendido, pero Jesús, una vez más, alaba la devoción de ella frente a los fariseos que la juzgaban tan duramente.

Las viudas eran especialmente vulnerables en los tiempos bíblicos. A menudo eran terriblemente pobres porque sin esposo no tenían medios económicos para sobrevivir en una sociedad patriarcal. A veces la gente hasta las culpaba por la muerte de su esposo. Pero vemos que Jesús viene en auxilio de estas mujeres indefensas. En una ocasión, en el diminuto pueblo de Naín, resucitó al hijo de una viuda porque se compadeció de la mujer. En otra ocasión, reprendió duramente a los fariseos porque "devoran las casas de las viudas" al robarles su herencia (vea Marcos 12:40). Y en una ocasión, hablando con opulentos líderes de la sinagoga, alabó a una viuda pobre que solamente tenía una moneda para dar en las ofrendas (y es probable que esta mujer hubiera sido tratada injustamente por esos líderes masculinos).

Jesús mostró el modelo de una clase de hombría totalmente diferente cuando caminó por los polvorientos caminos de Israel. No era ni débil ni afeminado. Pero dio el modelo de un amor fuerte aunque tierno que los hombres (y las mujeres) jamás habían visto. Fue un predicador enérgico, aunque tomaba a los niños en sus brazos y los bendecía. Reprendía valerosamente a los fariseos, pero estaba lo suficientemente seguro de su masculinidad como para tener amigas como María y Marta.

Cuando fue a Samaria, Jesús se sentó a plena luz del día y mantuvo una extensa discusión teológica con una mujer que se había divorciado cinco veces. Seguramente ningún otro rabino había hecho esto, porque los hombres de esos tiempos no hablaban en público con las mujeres, especialmente con una mujer de dudoso pasado. La Biblia dice que hasta los discípulos de Jesús estaban asombrados de que Él hablara con una mujer. Pero Jesús rompió las estrictas tradiciones religiosas de su sociedad para cumplir una ley mayor: la ley del amor.

La samaritana era una mujer abusada. Jesús miró en su corazón y vio su dolor, y por el poder del Espíritu Santo describió correctamente su situación. Juan 4:16–18, dice:

> Jesús le dijo: Ve, llama a tu marido, y ven acá. Respondió la mujer y dijo: No tengo marido. Jesús le dijo: Bien has dicho: No tengo marido; porque cinco maridos has tenido, y el que ahora tienes no es tu marido; esto has dicho con verdad.

No sabemos los detalles de la historia de vida de esta mujer. Pero lo que sí sabemos es que las mujeres no tenían derecho al divorcio en los tiempos bíblicos. El hecho de que hubiera tenido cinco maridos significa que se habían divorciado de ella cinco veces. Esto podía haber sido porque fuera estéril o porque no había podido engendrar un heredero varón. En esa cultura, los hombres podían divorciarse legalmente de su esposa por muchas razones, hasta por no cocinar bien.

Sin embargo, Jesús miró más allá de todo ese dolor y le ofreció su bondad y su afirmación a una mujer privada de afecto. Por esa razón ella pudo creer en Jesús como su Mesías, y por esa razón encontró el valor para ir al pueblo y hablarles a todos los hombres sobre Jesús.

En una cultura dominada por hombres, que marginaba e ignoraba a las mujeres, Jesús enaltecía a las mujeres como individuos. No solo sanaba sus cuerpos, Él les restauraba su dignidad. No sólo las protegía y afirmaba, les daba autoridad para hablar. Les mostraba que Dios se interesaba en ellas y tenía planes para sus vidas.

Quizás uno de los mejores ejemplos de la visión afirmativa que Jesús tenía hacia la mujer se encuentra en el relato de Juan 8 sobre la mujer acusada de adulterio. Un grupo de escribas y fariseos enojados arrastraron a una mujer al patio del templo y afirmaron que había sido atrapada en un delito moral. Juan 8:4–7 dice:

> Le dijeron: Maestro, esta mujer ha sido sorprendida en el acto mismo de adulterio. Y en la ley nos mandó Moisés apedrear a tales mujeres. Tú, pues, ¿qué dices? Mas

> esto decían tentándole, para poder acusarle. Pero Jesús, inclinado hacia el suelo, escribía en tierra con el dedo. Y como insistieran en preguntarle, se enderezó y les dijo: El que de vosotros esté sin pecado sea el primero en arrojar la piedra contra ella.

Estos hombres obviamente no buscaban verdadera justicia. Su acusación era bastante sospechosa, ya que afirmaban haber atrapado a esa mujer en el acto de adulterio, pero no presentaban al hombre que estaba cometiendo adulterio con ella. Además afirmaban que la Ley demandaba la ejecución de ella, cuando realmente el Antiguo Testamento requería que el hombre y la mujer fueran apedreados. ¡Éste fue un primer ejemplo bíblico de un tribunal irregular y arbitrario!

Nadie sabe lo que Jesús escribió en el polvo. (¡Algunos especularon que Él escribió los nombres de las mujeres con quienes los fariseos habían cometido adulterio!) Todo lo que sabemos es que cuando Él terminó de escribir y un fuerte sentido de culpabilidad cayó sobre la multitud, cada uno de esos hombres tiró sus piedras y se alejó. Jesús quedó allí solo con la acusada y le dijo: "Mujer, ¿dónde están los que te acusaban? ¿Ninguno te condenó?" (v. 10).

Este relato nos muestra no sólo el amor de Jesús por las mujeres abusadas y la justicia que les brindó, sino que además nos muestra que Él tiene poder para cambiar los corazones de los hombres abusivos. El amor que le demostró a esta mujer hizo que sus acusadores arrojaran las piedras, lo cual simbolizaba la dureza de sus propios corazones.

Hoy Jesús sigue teniendo el poder para hacer esto. Todos tenemos corazones duros en algún grado. Algunos hombres son duros por la manera en que fueron abusados verbalmente por sus padres. Esta dureza se vuelve como una maldición generacional que pasa a través de las líneas familiares. Algunos hombres son duros porque se les enseñó que la única manera de ganar en la vida es pelearse con la gente. Y algunos hombres son abusivos con las mujeres porque sus padres les enseñaron que las mujeres son tontas, ignorantes o inferiores y que los hombres deben dominarlas.

No importa cuán duros sean nuestros corazones, Jesús derretirá nuestro orgullo cuando nos pongamos ante Él. Así como los fariseos arrojaron sus piedras cuando vieron el amor de Cristo que defendió a una mujer indefensa, también podemos experimentar un vuelco en nuestra actitud si permitimos que su convicción de pecado profundice en nuestras almas.

Pensemos en esto

1. ¿Cómo se siente cuando escucha la letra de canciones de gangsta rap que degradan a la mujer?
2. Algunos hombres crecen creyendo que no son verdaderamente masculinos a menos que abusen de las mujeres o las fuercen a tener sexo. ¿Qué le diría a un hombre que tiene esta mentalidad?
3. ¿De qué maneras Jesús dejó el modelo de una visión de la mujer diferente a la de los hombres de su tiempo?
4. Cuando Jesús defendió a la mujer que fue atrapada en adulterio, los hombres dejaron las piedras y se alejaron. ¿Tiene usted rocas que dejar? ¿Tiene alguna actitud hacia las mujeres de la cual necesita arrepentirse?

¡Ahora personalicémoslo!

Sus actitudes hacia las mujeres están determinadas parcialmente por la manera en que su familia lo crió, y por las influencias culturales que más lo afectaron. Usted puede ser completamente libre de toda forma de prejuicio de género. Pero también es probable que en algún lugar de su interior albergue una actitud sexista, ¡aunque usted haya crecido en una iglesia! (Como el racismo, el sexismo a menudo encuentra refugio en un ámbito religioso). En países del tercer mundo el sexismo es sumamente obvio. En los países occidentales, donde la gente puede tener más educación, la violencia hacia las mujeres sigue proliferando, y la discriminación por género está en todas partes.

¿Está usted dispuesto a permitir que la Palabra de Dios lo cambie si en su corazón tiene actitudes equivocadas hacia las mujeres? A continuación hay una lista de señales reveladoras de que usted podría tener un problema en esta área. Si es lo suficientemente valiente como para admitir sus debilidades, tilde las casillas de las que podrían aplicarse a usted.

- ❑ Usted considera a los muchachos más "valiosos" que a las chicas.
- ❑ Si tiene familia, favorece a su(s) hijo(s) mientras mantiene distancia emocional con su(s) hija(s).
- ❑ Hace bromas que son degradantes para las mujeres.
- ❑ Piensa que la mayoría de las mujeres son tontas.
- ❑ Si está casado, no incluye a su esposa en la toma de decisiones.
- ❑ Su esposa o sus hijos generalmente le tienen miedo.
- ❑ Tiende a catalogar negativamente a las mujeres (diciendo cosas tales como: "Todas las mujeres manejan mal", o "Todas las mujeres son demasiado emotivas").
- ❑ Tiende a pensar en las mujeres solo en términos de tareas domésticas, tales como cocinar, limpiar la casa o lavar.
- ❑ Se siente incómodo con mujeres que son exitosas en sus carreras.
- ❑ Mira secretamente pornografía, lo que hace que vea a las mujeres como objetos sexuales en vez de verlas como individuos que son amados por Dios.

- ❑ Disfruta viendo pornografía que presenta mujeres en esclavitud o dolor, o se ha involucrado en prácticas sexuales que implican sometimiento.

- ❑ Tiene un problema con el enojo, especialmente cuando está con su esposa o su novia.

- ❑ Ha roto objetos o dañado propiedades en presencia de su esposa o novia para hacer una afirmación.

- ❑ Ha golpeado, pateado, abofeteado, o quemado a su esposa o novia, o le ha arrojado un objeto.

- ❑ Ha amenazado a su esposa o novia con hacerle daño físico.

- ❑ Ha obligado a su esposa o a otra mujer a tener sexo con usted.

Si usted ha aceptado cualquiera de estas actitudes o ha estado involucrado en alguna de estas conductas, es probable que no se sienta cómodo hablando de ellas con nadie. Puede sentir enojo al leer esta lista. ¡Hasta puede tener ganas de tirar este libro al otro lado de la habitación! Eso es porque el pecado endurece el corazón humano con orgullo y a la gente orgullosa no le gusta traer sus errores a la luz de la verdad de Dios. Jeremías, el profeta, describió acertadamente el corazón humano cuando escribió:

> Nada hay tan engañoso como el corazón. No tiene remedio. ¿Quién puede comprenderlo?
>
> —Jeremías 17:9, NVI

Le hago un sencillo desafío: dispóngase a afrontar la complejidad de su propio corazón. No siga fingiendo. Pídale a Dios que examine sus actitudes. Esté dispuesto a arrepentirse de cualquier mal pensamiento o mala acción.

Una actitud machista, en su raíz, es en realidad un espíritu de orgullo. Dice: "Soy mejor que ella. Probaré que soy mejor que ella". Del orgullo surgen el enojo, el odio y la violencia, que son totalmente opuestos al tierno amor de Dios. Esta clase de orgullo ha traído indecible sufrimiento a las mujeres de todo el mundo durante siglos. Pero Dios está dispuesto a perdonarnos cuando sencillamente reconocemos nuestro pecado y le pedimos que nos limpie. El rey David, un hombre que tuvo su propia serie de problemas con la integridad sexual, escribió estas palabras en el Salmo 32:1–2:

> Bienaventurado aquel cuya trasgresión ha sido perdonada, y cubierto su pecado. Bienaventurado el hombre a quien Jehová no culpa de iniquidad, y en cuyo espíritu no hay engaño.

Esto es lo sorprendente de nuestro Dios. Cuando nos volvemos a Él con humildad y arrepentimiento, admitiendo nuestro error sin excusas o encubrimientos, Él nos perdona por completo. Y además nos extiende la gracia interna para cambiar. Usted puede haber sido un hombre orgulloso en el pasado, pero Dios aún no ha terminado con usted. Él quiere transformarlo a la misma semejanza de su Hijo. La verdadera masculinidad no es cuestión de mantener una imagen de "tipo duro"; requiere que usted refleje el amor, la bondad, la compasión y la humildad de Cristo.

Si ha estado involucrado en cualquier forma de conducta abusiva, especialmente abuso físico o sexual, debe hablar de eso abiertamente con un pastor, un amigo maduro, o un consejero cristiano. No lo deje para después, porque los hombres que abusan de las mujeres suelen volver a esconderse después de que su pecado ha sido expuesto. Se sentirá tentado a esconder su pecado de todos los que conoce, pero la única manera de encontrar verdadera liberación de su pecado es sacarlo a la luz. Si usted es casado y ha estado abusando de su esposa, ella también necesitará buscar consejo pastoral y ministración.

Pensemos en esto

1. Después de examinar la lista de "signos reveladores" enumerada anteriormente, ¿está dispuesto a admitir que ha estado luchando en una o más de esta áreas? ¿Cuáles?
2. ¿Por qué cree que esta clase de actitudes o acciones entristecen a Dios?
3. Además de a usted mismo, ¿a quién más ha herido con estas actitudes o acciones? Sea específico.
4. ¿Está dispuesto a pedir a un amigo o al grupo de varones que ore por usted ahora por estos problemas?

Oremos por esto

Si ha abusado de una mujer de alguna manera—física, emocional, o sexualmente—pídale a otro hermano que ore con usted mientras repite estas palabras:

Padre, perdóname por todo el dolor que he causado. Me arrepiento de mi conducta cruel. Lamento la forma en que traté a ________________ (diga el nombre "o nombres" de las mujeres a quien ha herido). Por favor, libérame de todo mi orgullo, falta de perdón, y enojo, y saca de mi corazón la raíz del abuso. Recibo tu limpieza de todo mi pecado, y te pido que me des la gracia para ser un protector de las mujeres en vez de un abusador. Amén.

Barcos que pasan en la noche,
y al pasar se hablan uno al otro,
Solo mostrando una señal,
y una voz lejana en la oscuridad;
Así en el océano de la vida,
pasamos y hablamos el uno al otro,
Sólo una mirada y una voz,
luego otra vez oscuridad y silencio.[1]

—Henry Wadsworth Longfellow

Toda la convicción de mi vida descansa ahora en la creencia de que la soledad, lejos de ser un raro y curioso fenómeno, característico de mí y de otros hombres solitarios, es el hecho central e inevitable de la existencia humana.[2]

—Thomas Wolfe

Uno puede tener una chimenea encendida en el alma, y sin embargo, nadie jamás viene a sentarse a su lado.[3]

—Vincent Van Gogh

Muchos hombres crecieron con un vacío masculino: crecieron con padres que eran indiferentes, reservados, o que estuvieron ausentes durante mucho tiempo. Esto los dejó en una confusa tierra de nadie en cuanto a cómo expresar auténtica hombría.[4]

—Pastor Bill Hybels
en su libro *Honest to God* (Sincero con Dios)

LOS VERDADEROS HOMBRES NO NECESITAN AMISTADES MASCULINAS ÍNTIMAS.

Soy lo suficientemente mayor como para recordar al Hombre Marlboro. Era una de las imágenes más famosas jamás usada en publicidad, y convencía satisfactoriamente a millones de hombres de todo el mundo de que debían fumar cigarrillos, preferentemente en campo abierto, a fin de probar su masculinidad. El Hombre Marlboro era toscamente apuesto y siempre usaba jeans, perneras de cuero, y un sombrero de vaquero. A veces sostenía las riendas de su caballo y a menudo se lo mostraba mirando una vasta pradera del oeste mientras encendía su cigarrillo.

Y siempre, siempre estaba solo.

El mensaje proveniente de este ícono era subliminal, pero persuasivo: Si quieres ser un verdadero hombre, debes actuar como este tipo. Él es fornido. No dice mucho. No necesita a nadie. Monta su corcel y cabalga solo hacia el ocaso. En la mayoría de las publicidades, generalmente se mostraba una sola foto del bronceado vaquero de anchos hombros sin ningún texto. En pocas excepciones se leía una leyenda: "Venga donde está el sabor".

La compañía de tabaco Phillip Morris inventó la imagen de Marlboro en 1953 para vender a los hombres su línea de cigarrillos. Encontraron una mina de oro. En unas pocas décadas este vaquero endurecido se convirtió en el personaje ficticio más famoso de todos los tiempos. Irónicamente, tres de los modelos que posaron para las campañas de publicidad murieron de cáncer de pulmón porque usaban el producto que vendían al público crédulo.[5] La publicidad del tabaco fue prohibida en la radio y la televisión en los Estados Unidos en 1971,[6] de modo que el Hombre Marlboro sólo podía verse en las revistas. En unos años más, al volverse más evidentes los efectos negativos de fumar, se conoció a los cigarrillos Marlboro como los "cowboy killers" (asesinos de los vaqueros).[7]

La campaña publicitaria del Hombre Marlboro seguramente no fue la primera vez que los medios populares de comunicación vendieron el concepto del "verdadero hombre" como un solitario rudo e independiente. Está representado en todo desde las revistas de historietas y las películas hasta la literatura clásica y el rock. Por alguna extraña razón, a los tipos les atrae la idea de que somos mejores cuando estamos solos, y si estamos disfrazados mejor todavía.

Crecí mirando una incesante corriente de estos machistas, desde los enmascarados personajes televisivos El Llanero Solitario y el Zorro hasta el áspero Mariscal de los Estados Unidos Rooster Cogburn en *True Grit* (Valor de Ley), representado por el más duro de todos los duros, John Wayne. Luego estaba el Jay Gatsby del novelista F. Scott Fitzgerald de *El gran Gatsby*, un millonario misterioso que se aprovechaba de toda la prosperidad que ofrecían los locos años veinte, pero que nunca encontraba el verdadero amor. Mientras que el elegante personaje del espía James Bond probaba (o así se nos llevaba a creer) que usted no necesita establecerse, puede vivir lujosamente por todo el mundo, deshacer complots terroristas, matar a todos los chicos malos, y tener lo mejor de las mujeres hermosas sin casarse con ninguna de ellas.

Los superhéroes de las revistas de historietas enfatizaban especialmente el concepto de que los verdaderos hombres son duros por fuera y misteriosamente solitarios. Si estudia el argumento de Superman, El Hombre Araña, el Hombre de Hierro, o Batman, encontrará individuos promedio que se esconden detrás de máscaras y uniformes muy ceñidos. La mayoría de ellos viven solos con secretos que los atormentan, y rara vez, si es que los hacen, revelan su verdadera identidad. La mayoría de ellos sólo tiene una debilidad. Se los conoce por sus fachadas. Sin embargo, siempre parecen salvar el día e impresionar a las mujeres mientras que sus logros sobrehumanos son alabados por los periódicos.

A través de todas estas creaciones de los medios se nos enseña que la hombría tiene que ver con lo exterior. Un verdadero hombre crea un muro a su alrededor, como una armadura protectora. Usa su fuerza muscular para crear una ilusión de poder, luego se esconde detrás de esa fuerza y nunca permite que nadie vea quién es realmente. Y estos individuos no afrontan sus emociones. Batman, por ejemplo, o se retira a su cueva de murciélago o salta sobre el techo de un rascacielos en la noche y se amarga en silencio. Superman se enojaba en una caverna de hielo cerca del polo norte. Y aunque el Llanero Solitario tenía un compañero, Toro, su amigo indígena no hablaba mucho.

Estaba fascinado por la imagen de este superhéroe cuando era niño. Muchos muchachos lo están. Cuando tienes nueve años de edad, te sientes flacucho y vulnerable en un mundo adulto, así que el pensamiento de tener los bíceps gigantes del Capitán América, o la altura de Superman, o la agilidad del Hombre Araña es alentador. Cuando un niño se convierte en hombre y se da cuenta de que lidia con defectos y debilidades, pensar en esconder sus secretos detrás de una máscara, una capa larga y un traje de vinilo suena atractivo. Nadie tiene que saber jamás cómo eres realmente.

Pero hay un enorme problema con este concepto. Como Batman o el Hombre Marlboro, ese superhéroe fuerte y callado es una ilusión. En la vida real, el Hombre Marlboro tenía una adicción que le ocasionó una tos áspera y otros graves problemas de salud. No era tan fuerte como aparentaba y al final murió en una sala para pacientes con cáncer. En lo que se refiere a los superhéroes de las historietas tradicionales, son una absoluta fantasía, como el Hércules de la mitología griega, o el James Bond de las películas modernas. Tipos como esos no existen. Los verdaderos hombres no usan máscaras ni trajes de vinilo. Los verdaderos hombres tienen que enfrentar el mundo, asumir responsabilidades, pagar deudas, abrir sus corazones, sentir el dolor de otras personas y admitir sus propias debilidades.

Los verdaderos hombres no son como los Caballeros del Jedi de *La guerra de las galaxias*, que juraban mantener ocultas sus emociones. Los verdaderos hombres aman. Los verdaderos hombres tienen que mostrar sus sentimientos.

Y a los verdaderos hombres no les gusta estar solos. Tienen una profunda necesidad de relaciones. Los verdaderos hombres forjan genuinas amistades unos con otros. Sin embargo, si usted mira la agitada cultura actual, incluso entre cristianos, encuentra que la mayoría de los hombres nunca permite que sus relaciones vayan más allá de una conversación superficial sobre deportes, el tiempo, o la última actualización de *software*.

David Smith, autor del libro *The Friendless American Male* (El hombre americano sin amigos) dice que esa carencia de amistad masculina ha alcanzado un punto crítico. Hablando a los hombres, Smith escribe: "Pocos de nosotros valoramos las relaciones interpersonales íntimas, y menos aún parecemos dispuestos a invertir el tiempo y la energía emocional necesaria para el desarrollo de esa intimidad. La fragmentación de la vida comunitaria, las presiones corporativas, la ruptura de la familia nuclear y la familia extensa, la puja por el éxito, y el ritmo de movilidad han tenido un tremendo impacto en el número de amistades íntimas que adquirimos y sustentamos".[8]

Hombres superficiales, hombres tristes

Aunque nuestra cultura nos dice que los verdaderos hombres son solitarios independientes, la Biblia nos muestra que el hombre solitario en realidad es parte de la ruptura de la pecaminosa naturaleza humana. Al comienzo mismo de la creación, Dios declaró a Adán: "No es bueno que el hombre esté solo" (Génesis 2:18). Dios siempre ha movido al hombre a salir de su inclinación a ser orgulloso y autosuficiente. Nos llama a una auténtica amistad y profunda intimidad.

Pero el pecado trae alienación. Inmediatamente después de la caída de Adán y Eva, cuando el orgullo y el egoísmo se convirtieron en norma, la perfección de la relación matrimonial fue arruinada. El esposo y la esposa se distanciaron, luego en la siguiente cruel escena de Génesis, los hermanos se vuelven uno contra el otro. Caín mata a Abel y luego huye a la tierra de Nod para convertirse en un fugitivo solitario. La falta de amistades y el aislamiento se tornan parte normal de su existencia y lo transmite a sus descendientes.

Cuando Dios confrontó a Caín por matar a su hermano, pronunció esta maldición sobre él en Génesis 4:12: "Cuando labres la tierra, no te volverá a dar su fuerza; *errante y extranjero* serás en la tierra" (énfasis agregado). La palabra hebrea para "errante" (*nuá*) y "extranjero" (*nud*) pueden implicar luto vergonzoso además de vagar sin objetivo. Las palabras también pueden significar "temblor" como un temblor temeroso. Estos términos proveen una imagen más certera del verdadero "Hombre Marlboro". Debajo de este exterior duro y varonil hay un tipo muy asustado.

Caín corrió al desierto porque estaba avergonzado de su pasado y no podía afrontar su verdadera identidad como asesino celoso y despiadado. El pecado es una realidad impactante, la separación de Dios que resulta del pecado siempre paraliza la capacidad del hombre de construir relaciones genuinas. Lo convierte en un vagabundo solitario. Y a menos que un hombre permita que Jesucristo restaure su condición enferma por el pecado, llegará a estar emocionalmente a la intemperie. Le faltará la estabilidad de las relaciones y en cambio vagará de aquí allá, fingiendo ser fuerte cuando interiormente ruge de dolor.

Afrontémoslo: hay un poquito de Caín en todos nosotros. Ésa es la razón por la que los hombres se esconden detrás de sus carreras y logros; es la razón por la que los hombres van a los bares en "la hora feliz" para ahogar su dolor en el alcohol; es la razón por la que fingen tener matrimonios felices mientras sostienen *affaires*. Ésa es la razón por la que incluso algunos cristianos se ponen sus trajes espirituales y actúan su parte de hombre de Dios cuando realmente por dentro están temblando de miedo, temerosos de que alguien descubra que no son los perfectos esposos, padres y empleados que pretenden ser.

Hablemos de esto

1. ¿Qué influencias culturales (películas, *shows* televisivos, revistas de historietas o música) formaron su concepto de un "verdadero hombre"?
2. ¿Por qué cree que los hombres tienden a tener dificultad para construir amistades auténticas?
3. Sea sincero. ¿En ocasiones se siente solo? Si es así, ¿es porque no tiene suficientes amigos íntimos?

Además de esta fea raíz espiritual de la naturaleza pecaminosa, existen otras muchas razones obvias por las que los hombres no desarrollan relaciones íntimas con otros individuos. Éstas son las más comunes:

1. Tenemos un concepto incorrecto de nuestro Padre celestial.

Dios nos hizo a su imagen y Él es un Dios emotivo. Él experimenta intenso amor, compasión, misericordia y perdón, así como enojo y celo protector, y no sepulta estas emociones. Sin embargo, muchos hombres crecen imaginando que Dios es un juez severo con una larga barba blanca; creen que Dios está siempre con el ceño fruncido y listo para eliminarlos con un rayo si se desvían. ¡Pero ése no es el Dios de la Biblia!

En realidad, era un dios pagano—el dios griego Zeus—el que era tan sentencioso y colérico que llevaba un arsenal de rayos para desatar sobre la gente. Lo mismo podría decirse de Baal, el inconstante dios de la prosperidad y la fertilidad que a veces fue adorado por los hijos de Israel cuando estaban en decadencia. Constantemente estaban tentados a cambiar al verdadero Dios por este ídolo furioso.

Uno de mis versículos favoritos sobre la naturaleza de Dios es Sofonías 3:17, que describe la manera excepcional en que Dios nos muestra su amor:

> Jehová está en medio de ti, poderoso, él salvará; se gozará sobre ti con alegría, callará de amor, se regocijará sobre ti con cánticos.

¿Es así como usted ve a Dios? ¿Lo imagina como un fuerte aunque compasivo Padre que acaricia a sus hijos con ternura, les canta, y les hace caballito sobre sus rodillas? ¿O su Dios es frío, distante, imposible de agradar, y siempre enfadado? La manera en que usted ve a Dios determinará directamente el nivel de verdadero gozo de su vida y si se sentirá libre para expresar sus emociones.

Observe que en esta descripción de Dios del Antiguo Testamento, Él es a la vez fuerte (como un guerrero) y sumamente emotivo (se gozará sobre ti con alegría). No hay nada inconsistente en estas dos cualidades. Los hombres fuertes pueden estar lo suficientemente seguros para mostrar sus verdaderos sentimientos, pero si no hemos conocido a Dios de una manera profundamente personal nunca encontraremos esta clase de liberación emocional.

2. No tuvimos un modelo de libertad emocional en nuestros padres u otros hombres.

Crecí en una elegante cultura blanca en Alabama y Georgia, en que se esperaba que los hombres fueran "caballeros sureños". Cuando se reunían para hablar, sus conversaciones generalmente se centraban en el fútbol, la política o el tiempo. Cuando iban a la iglesia usaban trajes. La vida era cuestión de reglas y tradiciones.

En esta clase de cultura religiosa la gente tiende a concentrarse en lo externo; viven la vida en la superficie. Rara vez abren sus vidas o hablan de asuntos personales. Todo es superficial. Pueden estar heridos por dentro, pero nunca se abrirán. Ciertamente no hablarán de sus oscuros secretos. Los problemas de la gente nunca se convierten en parte de una conversación hasta que acaban en el hospital o muertos.

Cuando era joven a veces me sentaba con un grupo de parientes, hombres mayores, y escuchaba sus conversaciones después de las grandes cenas familiares. Hablaban de la Gran Depresión, de los autos antiguos, los viajes de pesca y las escuelas de una sola aula a las que asistieron en el sur rural. Años después supe que algunos de estos hombres luchaban con el alcoholismo, pero tales cosas nunca se hablaban abiertamente. Se suponía que los hombres debían lidiar solos con sus demonios privados; los problemas familiares sólo se susurraban.

3. Somos demasiado orgullosos para admitir que tenemos necesidades.

Un líder judío llamado Nicodemo vino a Jesús para averiguar si realmente Él era el Mesías, pero la Biblia dice que Nicodemo fue a Jesús de noche por temor a los otros fariseos (Juan 3:2). No soportaba que sus pares supieran que él hablaba con su rival. Los fariseos eran religiosos bastante orgullosos y no admitían que necesitaban un Salvador. Nicodemo no quería que sus colegas supieran que él necesitaba más que lo que su superficial religiosidad podía dar.

Jesús, por supuesto, le explicó a Nicodemo que para encontrar la verdad él tenía que "nacer de nuevo" (Juan 3:3). Debía volver a empezar la vida completamente, dejando atrás sus viejos caminos. Jesús dejaba claro que el único modo de comenzar un viaje de fe con Cristo es seguir el camino del verdadero arrepentimiento y la conversión. Y no hay manera de que podamos nacer de nuevo si no nos humillamos, admitimos nuestra necesidad de salvación, y buscamos el perdón de Dios por la forma en que hemos vivido apartados de Él.

El viaje de fe, entonces, ¡comienza con una admisión de debilidad! No es raro que muchos hombres tengan dificultad para comenzar el proceso.

Muchos individuos sufren del complejo de Nicodemo. Nos importa demasiado lo que los otros piensan como para admitir que tenemos necesidad de la salvación. Como los fariseos, a quienes les gustaba usar sus ropas largas y emplear elegante títulos religiosos, fingimos que tenemos absolutamente todo. Sin embargo,

Jesús fue muy categórico al dirigirse a los orgullosos líderes judíos de su tiempo. Los reprendió duramente porque estaban cubiertos con la gruesa armadura del orgullo. Hasta los llamó "sepulcros blanqueados" (Mateo 23:27) porque cubrían sus pecados y su inseguridad con orgullosa autosuficiencia.

Qué es más masculino: ¿comportarse como duro e independiente, o mostrar debilidad al arrepentirse de sus fallas? Jesús siempre honró al hombre sincero que admitía su debilidad, sin importarle cuán pobre fuese o cuán emotivo se tornase en su demostración de arrepentimiento. Si usted no es rápido para arrepentirse cuando el Espíritu Santo lo convence o cuando su pecado es confrontado por otra persona, su corazón se ha vuelto peligrosamente duro.

A Dios le encanta que sus hijos sean firmes cuando se trata de valentía y audacia. Pero nunca nos llama a ser insensibles, enojados, o mezquinos. Ése no es el carácter de Cristo. La dureza de corazón es un signo de que no estamos en comunión con Dios y que no tenemos su presencia en nuestra vida. Isaías 66:1–2 (LBLA) dice:

> Así dice el SEÑOR: El cielo es mi trono y la tierra el estrado de mis pies. ¿Dónde, pues, está la casa que podríais edificarme? ¿Dónde está el lugar de mi reposo? Todo esto lo hizo mi mano, y así todas estas cosas llegaron a ser—declara el SEÑOR. Pero a éste miraré: al que es humilde y contrito de espíritu, y que tiembla ante mi palabra.

La palabra *contrito*, realmente significa "molido hasta el polvo". Ésta es la clase de corazón que Dios busca en un hombre. Él quiere que seamos sensibles a las directivas de su Espíritu Santo y a las necesidades de los otros. Debemos ser rápidos para arrepentirnos en el momento en que Él nos da convicción de que hemos dicho una palabra poco amable, maltratado a un colega, herido al cónyuge, o entristecido a Dios con un pensamiento impuro.

¿Su corazón es sensible y maleable? ¿O Dios tiene que darle un garrotazo para llamar su atención? ¿Es lo suficientemente humilde para recibir corrección de un sermón, de la reprensión amable de un hermano, o el consejo de su esposa? ¿O Dios tiene que ponerlo en circunstancias difíciles para hablarle? Un verdadero hombre de Dios no es duro de corazón o terco. Si usted ha estado caminando en orgullo, pídale a Dios que quiebre ese orgullo y lo haga contrito.

4. Preferimos medicar nuestro dolor emocional.

Dios nos creó con capacidad de liberar las emociones. Nos dio bocas para que pudiéramos hablar abiertamente de nuestras dificultades. Nos dio conductos lacrimales para que pudiéramos llorar cuando fuere necesario. Nos dio oídos para que pudiéramos escuchar a los demás cuando están heridos. Nos dio brazos y manos para ser capaces de calmar y abrazar a nuestros hermanos cuando lidian con el dolor o la tragedia.

¿Pero qué pasa cuando no usamos estas salidas? ¿Qué pasa cuando cerramos todas nuestras válvulas emocionales de modo que todos nuestros sentimientos quedan bloqueados y enterrados? El alma humana no fue creada para absorber así el dolor de la vida año tras año. El dolor debe ser procesado; no puede estar estancado en los rincones ocultos del corazón. Si un hombre experimenta un trauma, un dolor, una ruptura en una relación, culpa, falta de perdón, u otra forma de herida emocional, debe poder hablar de sus conflictos y aplicar la sanidad de Cristo. Si no lo hace, sus heridas se interiorizarán y su dolor se esparcirá como una enfermedad. Cuando un hombre sepulta sus problemas, debe encontrar algo para adormecer el dolor.

Por esa razón muchos hombres se vuelven adictos a cosas como el alcohol, la nicotina, la marihuana, las drogas ilegales, o los medicamentos recetados. Estas sustancias ofrecen un alivio temporal porque alteran la realidad. Nadie fuma un cigarrillo porque le gusta el olor del humo tóxico. ¡Es un asco! Ningún hombre toma vodka porque le gusta el sabor. ¡Sabe a nafta de aviación! Bebe licor porque lo hace emborracharse y cuando está intoxicado no puede sentir el peso de sus problemas. Es un inútil intento de escaparse de la vida por algunas horas.

Esta es también la razón por la que algunos hombres se vuelven adictos a la pornografía. La excitación sexual temporal que eso dispara en el cerebro humano es como una droga poderosa. Mientras más dura sea la pornografía, más grave es la adicción que ocasiona. La pornografía puede adormecer temporalmente el dolor de un hombre, así como el alcohol. Pero siempre llega el día siguiente, siempre con una decepción y una resaca. La pornografía resulta ser un lamentable sustituto para la verdadera intimidad sexual.

Los hombres medican su dolor por muchas razones: el estrés financiero, la pérdida de un hijo, el divorcio, un fracaso moral, o problemas familiares no resueltos. ¿Y qué ocurre cuando están borrachos o drogados? Con frecuencia su personalidad cambia. Se vuelven belicosos y hasta peligrosamente violentos. Las emociones que sepultan reaparecen de pronto en venganza.

La Biblia reconoce que el alcohol es una forma engañosa de medicación. Proverbios 31:4–7 dice:

> No es de los reyes, oh Lemuel, no es de los reyes beber vino, ni de los príncipes la sidra; no sea que bebiendo olviden la ley, y perviertan el derecho de todos los afligidos. Dad la sidra al desfallecido, y el vino a los de amargado ánimo. Beban, y olvídense de su necesidad, y de su miseria no se acuerden más.

Este pasaje no está avalando el uso del licor como un sedante emocional. Pero implica que una persona que no tiene acceso al amor y la misericordia de Dios probablemente buscará solaz en una botella. La vida es dura, y si no le entregamos nuestro quebrantamiento al Señor es difícil encontrar sanidad en alguna otra parte.

Realmente sólo tenemos una opción viable y es entregarle nuestro dolor a Cristo, que sufrió nuestro dolor en su propio cuerpo cuando fue crucificado. Cuando Jesús estaba muriendo en la cruz, la Biblia dice que los guardias romanos le ofrecieron un poco de "vinagre mezclado con hiel" (Mateo 27:34). Pero Jesús se rehusó a beber esa mezcla. La tradición nos cuenta que a los prisioneros condenados se les solía dar esta amarga sustancia narcótica para aliviar los dolores de la crucifixión.

Sin embargo, Jesús rehusó aliviar su dolor. ¿Por qué? Porque sabía que no podía huir de la cruz: tenía que soportarla por nosotros. Ya había rendido completamente su voluntad a su Padre cuando oró en el jardín de Getsemaní:

> "Padre mío, si es posible, pase de mí esta copa; pero no sea como yo quiero, sino como tú".
>
> —Mateo 26:39

Jesús ya había elegido beber la copa del sufrimiento, por lo tanto, se rehusó a beber la copa del vinagre amargo que tenía poder para aliviar temporalmente su dolor. Rehusó el arreglo rápido. Rechazó la salida fácil. Él tomó esta decisión difícil por usted y por mí a fin de que pudiéramos encontrar la verdadera sanidad para nuestras almas.

A la luz de los sufrimientos de Cristo por nosotros, qué tonto es que tratemos de ahogar nuestras penas y dolores en sustancias que no tienen verdadero poder para ayudarnos. Ninguna cantidad de cerveza, ron, vodka, whisky, gin, nicotina, cocaína, marihuana, LSD, metanfetaminas, pegamento, Quaaludes, Valium, ni cualquier otra sustancia puede aliviar el dolor del pecado como sí lo hace la sangre de Jesús.

5. Pensamos que es femenino mostrar nuestras emociones.

A algunos hombres se les enseñó que los varones nunca lloran ni muestran afecto. Además los muchachos suelen ser ridiculizados por sus compañeros de clase si lloran o parecen emocionalmente débiles. Esto le enseña a un muchacho que para ser un hombre debe ponerle una tapa de hierro a sus sentimientos.

En la película de 1984 *Red Dawn*, Estados Unidos es invadido por ejércitos soviéticos y comienza la Tercera Guerra Mundial.[9] Un grupo de adolescentes de un pueblito de Colorado escapa de la ofensiva soviética y se esconde en las montañas, pero después de unos meses se aventuran a la ciudad para averiguar sobre sus familias. Dos de los muchachos encuentran a su padre en un campo de prisioneros soviético y hablan con él a través de una alambrada de púas. Ambos muchachos comienzan a llorar al ver evidencia de tortura en el rostro de su papá.

"No se atrevan a llorar", les dice el padre duramente. "Dejen que se les vuelva odio."

Aunque *Red Dawn* ofrecía un argumento totalmente inverosímil, el consejo del padre refleja con fielmente la actitud de los hombres estadounidenses. Si son tentados a sentir dolor, tristeza, o afecto, cierran de golpe la tapa de sus emociones y tratan de mantenerse estoicos. Su concepto de un verdadero hombre es un tipo que se ha desconectado satisfactoriamente de sus sentimientos al meterlos tan profundamente en su interior que nunca jamás serán descubiertos.

Además, creen que la única emoción aceptable que un hombre puede demostrar es enojo y odio. Esta es una cruel mentira demoníaca. Satanás es el jefe supremo del crimen y su reino está construido sobre la amargura, el resentimiento, la venganza, los conflictos, los celos y el asesinato. En cambio, el reino de Dios está edificado sobre la misericordia, el perdón, la compasión, la bondad, la amabilidad, la ternura, la lealtad y el amor incondicional. Esas no son cualidades de carácter del mariquita: son las cualidades de nuestro Padre celestial.

Si usted piensa que hay algo varonil en el enojo, la violencia, o la brutalidad, su mente ha sido pervertida por el mismo diablo. Usted debe pedirle al Señor que le renueve la mente con su Palabra.

6. Tenemos temor de ser catalogados como "homosexuales".

En algunas culturas, los hombres son sumamente afectuosos unos con otros, y no hay connotaciones sexuales en su abrazarse, besarse y tocarse. En las familias italianas, por ejemplo, los hombres se besan en las mejillas, y no hay ningún estigma social ligado a eso. En Nigeria, donde rara vez se habla de la homosexualidad y pocas personas conocen siquiera a una persona gay, los hombres van cómodamente de la mano mientras caminan por la calle. No hay ningún matiz sexual en eso; simplemente se lo ve como una demostración normal de amistad.

Durante mi primera visita a Nigeria hace varios años un pastor me tomó de la mano mientras caminábamos por las calles de Lagos. Él quería que todos supieran que yo era su amigo, y además, que me sintiera seguro en la zona atestada de gente del centro de la ciudad. Debo admitir que al principio me sentí incómodo. Estaba seguro de que la gente se iba a reír de nosotros o nos catalogaría como gays. Eso no sucedió. Ahora cuando visito Nigeria voy cómodamente de la mano de mi amigo. Eso me hace percibir una profunda sensación de fraternal camaradería con ellos.

Por supuesto, no me sentiría cómodo haciendo esto en mi propio país porque nuestra cultura le ha dado una connotación sexual al tomarse de las manos. Pero, como he permitido que el Señor sane mis emociones y me dé una mayor capacidad para amar, encuentro más fácil expresar afecto santo y puro a mis hermanos en Cristo. Todo lo que necesitamos es descubrir esta libertad.

Jesús era realmente muy afectuoso con sus discípulos. Esto es particularmente obvio en los escritos de Juan, quien se refiere a sí mismo en su relato del Evangelio como el discípulo "al cual Jesús amaba" (Juan 13:23). Después de lavar los pies de sus discípulos—lo cual era una manifestación inusual de humildad y afecto—Jesús se reclinó en la mesa de la Pascua con ellos, y compartieron su última cena. Durante la Cena, Juan estaba lo suficientemente cómodo en su amistad con Jesús como para apoyar la cabeza sobre el pecho de su maestro. La Biblia *The Message* (El Mensaje) dice que Juan tenía "su cabeza sobre el hombro [de Jesús]".

La amistad profundamente cariñosa que Juan tenía con Jesús realmente delineó su teología. En 1 Juan 1:1, 3 dice acerca del Hijo de Dios encarnado:

> Lo que era desde el principio, lo que hemos oído, lo que hemos visto con nuestros ojos, lo que hemos contemplado, y palparon nuestras manos tocante al Verbo de vida lo que hemos visto y oído, eso os anunciamos, para que también vosotros tengáis *comunión* con nosotros; y nuestra *comunión* verdaderamente es con el Padre, y con su Hijo Jesucristo (énfasis agregado).

Juan afirma aquí que él no solamente conocía las palabras de Jesús sino que en realidad lo había tocado. Jesús no era un concepto o una ideología para Juan. Era un hombre, de carne y hueso, en quien habitaba la plenitud de la Deidad. La experiencia de Juan con Cristo no fue sólo intelectual o espiritual; él abrazó a Jesús, puso la cabeza en su pecho, y escuchó el latir de su corazón. Jesús y él eran íntimos amigos en el más puro de los sentidos.

En la primera epístola de Juan él presenta la palabra griega *koinonía*, o "comunión" para describir no sólo una comunión íntima que tenemos con Jesús sino además un vínculo espiritual que podemos tener los unos con los otros. *Koinonía* literalmente significa "comunión por medio de una íntima participación". Esto implica un profundo compartir y un íntimo contacto personal. Esto es parte de nuestra herencia espiritual como cristianos, porque tenemos a Cristo en nuestro corazón, percibimos una inusual intimidad con otros creyentes.

Como hombre de Dios, usted no debería temer la *koinonía*. Debería sentir libertad para expresar afecto fraternal a otros hombres. Si no lo hace, puede ser que por temor o por orgullo haya levantado muros emocionales en su alma. Dios quiere que usted sea emocionalmente libre para que pueda mostrar genuino amor a otros.

Realmente usted puede necesitar ser abrazado para descubrir esa libertad. Ha habido veces en que sentí que el Señor me dirigía a abrazar a un hermano cuando estaba orando por las personas en el altar de una iglesia. En algunos casos estos hombres tenían padres que eran abusivos o distantes, y ellos luchaban por relacionarse con Dios como Padre. Cuando tenía en mis brazos a esos hombres, a menudo comenzaban a sollozar por varios minutos. Recibían una poderosa sanidad emocional por medio de un simple abrazo.

Si realmente queremos dar esta clase de libertad a otros hombres, primero debemos recibirla. Dios quiere que usted sea un canal de su amor.

Hablemos de esto

1. ¿Usted diría que su padre era emocionalmente abierto o cerrado? ¿Cómo cree que eso le afectó a usted?
2. Se describe a Dios como un Padre. Cuando piensa en su relación con Dios, ¿lo ve como un Padre afectuoso y cariñoso, o más bien como uno rígido y enojado que impone disciplina? ¿Por qué cree que ve a Dios de esa manera?
3. La Biblia dice que Dios se acerca a la persona que es humilde y está quebrantada.
4. Cuando examina su vida, ¿puede identificar alguna área de orgullo o dureza de corazón? ¿Es fácil para usted pedir perdón a alguien o admitir cuando ha cometido un error?
5. ¿Le resulta fácil mostrar amor a otros, sea con palabras o con expresiones físicas de afecto? ¿Por qué o por qué no?

Volver al cristianismo relacional

Jesús vino a una cultura religiosa realmente estéril delineada por los legalistas líderes judíos. Los rabinos de los tiempos de Jesús creían que la única manera en que podían ser santos era permaneciendo alejados de la gente que consideraban pecaminosa o espiritualmente impura. Su fe estaba concentrada absolutamente en lo externo; creían que podían ganar la aprobación de Dios al comer los alimentos correctos, seguir todas las leyes del Antiguo Testamento (en sus propias fuerzas), y mantenerse alejados de todo o de todos los que podrían contaminarlos.

Los rabinos eran bastante obsesivos con la higiene física. En una escena de Marcos 7, la Biblia dice que criticaban a Jesús porque sus discípulos no se lavaban las manos según la apropiada manera ceremonial antes de comer. Estos líderes realmente creían que podían acercarse más a Dios por lavarse las manos. No comprendían que deberían haber estado más conscientes de la condición interna de su corazón.

Los rabinos de la cultura de Jesús tenían una lista de personas a quienes no podían tocar. No eran afectuosos con los niños porque sentían que las mujeres debían ocuparse de ellos. Consideraban impuras a las mujeres, especialmente durante el tiempo del ciclo menstrual. Nunca comían cerca de personas a las que consideraban pecadoras. Se mantenían alejados de los extranjeros. Y nunca se acercaban a un leproso o a un cadáver porque temían a la enfermedad. La regla en su vida era "¡No toques!".

Sin embargo, ¿qué hizo Jesús? Él dio el modelo del amor encarnado de Dios saliendo de su camino para tocar lo intocable. Levantaba a los niños en sus brazos y los bendecía. Sanó a una mujer con hemorragia. Se sentó en un lugar público para hablar con una mujer samaritana divorciada. Tocó a los leprosos y los sanó, y comió con los recaudadores de impuestos y los pecadores. Permitió que una mujer pecadora, probablemente una prostituta, le lavara los pies con sus cabellos. Y puso sus manos sobre muchos, muchos enfermos que habrían sido considerados ceremonialmente impuros por otros judíos.

Jesús además reprendió a los fariseos por su elitismo legalista. Cuando se enojaron por las manos sucias de sus discípulos, Él les dijo:

> Hipócritas, bien profetizó de vosotros Isaías, como está escrito: Este pueblo de labios me honra, mas su corazón está lejos de mí. Pues en vano me honran, enseñando como doctrinas mandamientos de hombres. Porque dejando el mandamiento de Dios, os aferráis a la tradición de los hombres.
>
> —Marcos 7:6–8

Los fariseos tenían mezcladas todas sus prioridades y sus valores. Pensaban que la verdadera santidad se hallaba en permanecer alejados de la gente "impura". Sin embargo, Jesús les dijo que su actitud religiosa realmente invalidaba el verdadero mandamiento de Dios, ¡que es compartir su amor con otros!

Jesús nos mostró que el cristianismo, en su propia esencia, requiere tocar. La verdadera fe no es sólo una doctrina intelectual acerca de la existencia de Dios o su naturaleza. El verdadero cristianismo trata de un Dios que nos amó tanto que se convirtió en carne y vino a la tierra para morar entre nosotros (Juan 1:14). Dios no nos dio lindas palabras. No escribió: "Te amo", o "Te perdono", en el cielo. Él envió a su Hijo para rodearnos con sus brazos.

Cuando realmente haya sido tocado por el amor de Dios, el mensaje del evangelio será para usted mucho más que versículos y doctrinas bíblicos. La enseñanza bíblica es importante, pero usted no conocerá a Dios en su plenitud si sólo conoce información intelectual acerca de Él. La fe va más allá de su cabeza para tocar su corazón.

Dondequiera que va el mensaje del evangelio, hace mucho más que darle a la gente una fe intelectual. Imparte el verdadero amor porque Dios es amor. Un corazón que ha sido cambiado por Cristo de pronto ama a los otros. Y una persona que ha sido transformada por el evangelio de Jesús tendrá la capacidad sobrenatural para demostrar el amor de Dios de una manera inusual.

El apóstol Pablo demostró este notable amor en su ministerio a las iglesias que guió en el primer siglo. Aunque él mismo había sido fariseo antes de su conversión y practicó todas las tradiciones de los legalistas judíos (incluyendo el ritual del lavado de manos y la actitud distante hacia los recaudadores de impuestos y los "pecadores"), adoptó un método radicalmente nuevo de ministrar después de convertirse en ministro del evangelio. El estoico fariseo Saulo se convirtió en Pablo el afectuoso amante de la gente.

Por ejemplo, él comparó su amor por la iglesia tesalonicense con el afecto de una madre. Escribió: "Antes fuimos tiernos entre vosotros, como la nodriza que cuida con ternura a sus propios hijos" (1 Tesalonicenses 2:7). Les dijo a los filipenses: "Os tengo en el corazón...os amo a todos vosotros con el entrañable amor de Jesucristo" (Filipenses 1:7–8). Pablo era casi empalagoso en su profuso amor por su rebaño del Nuevo Testamento. Los instaba a saludarse unos a otros con un "ósculo santo" y a veces lloraba cuando oraba por las iglesias.

Cuando Pablo dejó Éfeso para ir a Jerusalén, los líderes de esa iglesia sospechaban que podrían no volver a verlo otra vez. De modo que cuando Pablo oró por ellos al arrodillarse en la playa, la Biblia dice que lloraban en voz alta y abrazaban a Pablo "y echándose al cuello de Pablo, le besaban" (Hechos 20:36–38). El líder de mayor influencia en el cristianismo del Nuevo Testamento estaba cómodo con esta clase de demostración emotiva. ¿Por qué? Porque un hombre que realmente ha sido libertado por Cristo es capaz de amar sin reservas emocionales.

Vemos también este afecto evidente en la íntima relación de Pablo con su colega de ministerio, Timoteo. Pablo discipuló y capacitó a ese joven convertido y finalmente lo llamó su "verdadero hijo en la fe". La mayor parte del Nuevo Testamento fue escrito con el telón de fondo de la amistad de Pablo y Timoteo. Aunque Pablo le escribió dos epístolas directamente a Timoteo, Pablo y Timoteo juntos enviaron las epístolas de 2 Corintios, Filipenses, Colosenses, 1 y 2 Tesalonicenses, y Filemón.

Más de un tercio de todo el Nuevo Testamento provino de estos dos hombres, que compartieron un vínculo ministerial único. Y las últimas palabras de Pablo a la iglesia, escritas desde una fría celda en la época del emperador Nerón, fueron dirigidas a Timoteo. Fue en esa epístola que le dijo a su amado hijo: "Procura venir pronto a verme" (2 Timoteo 4:9).

No podemos ignorar este intenso aspecto relacional del genuino cristianismo. El auténtico evangelio no consiste sólo en llevar un lindo mensaje de esperanza a la gente. No solo se trata de construir iglesias o predicar sermones o presentar grandes reuniones. El verdadero cristianismo implica profundas y duraderas relaciones con la gente que Dios trae a nuestra vida. Él nos ha llamado a trabajar juntos en el ministerio y el afecto que sentimos unos por otros es un testimonio del poder del amor de Cristo.

Oí decir a un hombre de Dios hace muchos años que cada cristiano necesita tres clases de relaciones en su vida: (1) un Pablo, (2) un Bernabé, y (3) un Timoteo. Lo que quiso decir con esto es muy sencillo. Los Pablos son mentores y padres espirituales. Los Bernabés son pares o amigos íntimos que están en nuestro mismo nivel de madurez espiritual. Los Timoteos son los jóvenes que nos piden que los discipulemos.

En años recientes he tenido el gozo de hacer amigos en estos tres niveles. Estas relaciones son más valiosas para mí que las riquezas y no las cambiaría por nada. En lo que se refiere a los Pablos, tengo varios hombres de Dios maduros y mayores que me ven como a un hijo espiritual. Son mis modelos, pero no sólo a la distancia. Pasan tiempo conmigo, oran por mí, me ofrecen consejo y entrenamiento, y se interesan genuinamente por mi familia y por mi ministerio.

También tengo varios Bernabés que son lo que yo llamaría verdaderos amigos entrañables. Puedo compartir con ellos mis más profundas dificultades y problemas. Nos rendimos cuentas unos a otros respecto a nuestras tentaciones y debilidades. Uno de mis más íntimos amigos sabe cómo hacerme las "preguntas difíciles" para que yo mantenga pura mi vida sexual. ¡Todo hombre necesita un amigo que le cuide las espaldas!

Y en años recientes he sido bendecido por tener varios Timoteos en mi vida. Algunos de ellos viajan conmigo cuando ministro en iglesias o cuando voy en viajes misioneros a otros países. No llevo a estos jóvenes para que acarreen mi equipaje (de hecho, me disgusta eso). Más bien, los empujo a mi lado y les pido que me ayuden a orar con la gente al final del servicio en las iglesias. Les hago sentir que son una parte valiosa de nuestro equipo ministerial. Quiero que vean a Cristo en mi vida. Oro con ellos y les ofrezco consejo cuando es necesario, pero mayormente les comparto mi vida de una manera auténtica.

Tener esta clase de relaciones genuinas con hombres ha sido una gran área de satisfacción en mi vida y creo que es parte de la herencia espiritual de todo cristiano. Dios no quiere que usted esté solo o aislado. Él quiere bendecirlo con relaciones auténticas.

Hablemos de esto

1. Describa la religión de los fariseos. ¿Por qué Jesús reprendió a los fariseos que criticaban a sus discípulos por no lavarse las manos?
2. Jesús tocó a la gente de una manera auténtica cuando los fariseos nunca lo hacían. ¿De qué manera puede usted tocar a más gente para Cristo?

3. Pablo fue fariseo en un tiempo, pero cambió radicalmente después de su conversión. ¿De qué manera el apóstol Pablo dejó un modelo para el cristianismo relacional?
4. Todo hombre debería tener un Pablo, un Bernabé y un Timoteo en su vida. ¿Puede enumerar hombres presentes en su vida que encajen en estas categorías?

Oremos por esto

Padre, no quiero vivir una vida cerrada. No quiero ser un alienado o un solitario. Por favor abre mi corazón para que pueda tener relaciones genuinas y auténticas, no sólo con mi esposa sino con los hombres que me rodean. Quita todo orgullo, religiosidad, o temor que me mantenga en esclavitud emocional. Abre mi corazón para que pueda mostrar tu amor a otros. Amén.

He defraudado a mi familia, y me arrepiento de todas esas transgresiones con todo mi corazón. No he sido fiel a mis valores y a la conducta que merece mi familia. No estoy exento de fallas y estoy lejos de ser perfecto.[1]

—Tiger Woods, golfista profesional, al admitir sus *affaires* extramatrimoniales en una declaración realizada en diciembre de 2009, sólo días después de haber negado las acusaciones

---

Quiero que me escuchen. Voy a decir esto otra vez: No tuve relaciones sexuales con esa mujer, la señorita Lewinsky. Nunca le dije a nadie que mintiera, ni una sola vez, jamás. Estas acusaciones son falsas. Y necesito volver a trabajar por el pueblo estadounidense. Gracias.[2]

—Presidente Bill Clinton, 26 de enero de 1998, nueve días después de que estallara el escándalo de Mónica Lewinski

---

En verdad, sí tuve una relación que no fue apropiada con la señorita Lewinsky. En realidad, estuvo mal. Esto constituyó una seria falla de mi criterio y una falta personal de mi parte por la cual soy única y completamente responsable. Ahora, este problema es entre las dos personas que más amo "mi esposa y nuestra hija", nuestro Dios y yo. Debo aclararlo y estoy dispuesto a hacer lo que sea necesario para que así sea.[3]

—Presidente Bill Clinton, 17 de agosto de 1998

He pecado contra ti, mi Señor, y pediré que tu sangre preciosa me lave y limpie cada mancha hasta que estén en el mar del perdón de Dios.[4]

—Evangelista Jimmy Swaggart en una emotiva confesión transmitida desde su iglesia en Louisiana el 21 de febrero de 1988

El hombre que puede guardar un secreto quizás sea sabio, pero no es ni la mitad de sabio que aquel que no tiene secretos que guardar.[5]

—Edgar Watson Howe, novelista

UN HOMBRE NUNCA DEBE ADMITIR SUS DEBILIDADES.

Como la mayoría de los niños de nueve años, Alan Chambers no sabía mucho de sexo y no pensaba frecuentemente en eso. Estaba muy ocupado jugando con sus personajes de acción de *La guerra de las galaxias*, mirando TV, o haciendo tareas de matemáticas. Y no tenía idea de que su inocencia infantil estaba a punto de ser arrebatada por un intruso amistoso.

La inesperada invasión ocurrió un cálido día de primavera de 1981 cuando varios parientes visitaban la casa de los Chambers en Winter Park, Florida. Los adultos conversaban en la cocina, y la mayoría de los primos que los visitaban estaban jugando en el patio trasero cuando Alan fue a su habitación. De pronto, su primo de catorce años entró y cerró la puerta.

"Quítate la ropa. Quiero intentar algo", ordenó el muchacho mayor. Alan siempre había admirado a su primo. Era alto, de hombros anchos y atlético. Era todo lo que Alan deseaba poder ser cuando creciera. Sintiendo un dejo de temor, pero sin saber por qué, Alan decidió no resistirse porque quería agradar a su primo.

Los próximos minutos fueron una dolorosa confusión. Alan se inclinó sobre su pequeña cama gemela mirando el acolchado azul extendido lleno de imágenes de Chewbacca, Han Solo, y los robots de *La guerra de las galaxias*. Observaba al perro de peluche que siempre se sentaba en su almohada. Alan no podía comprender lo que estaba sucediendo. Su corazón corría, sus palmas sudaban, pero no sabía si lo que su primo estaba haciendo era bueno o malo.

Se sentía incómodo, pero le gustaba el hecho de que alguien a quien él amaba le prestara atención. Su mente inocente estaba llena de un millón de preguntas, pero no podía obtener ninguna respuesta de su limitada comprensión de la sexualidad.

Esto es raro, pensó, ¿Significa que soy una chica? ¿Quedaré embarazada? ¿Me voy a enfermar?

Cuando terminó el incidente, el primo de Alan le advirtió severamente: “No le digas nada a nadie. No te van a creer, y te meterás en problemas”.

Alan acordó guardar silencio, aunque por dentro gritaba buscando ayuda. No se daba cuenta de que había sido violado y que su personalidad había sido violentamente desfigurada. No sabía que su propia identidad de género—su sentido de masculinidad—había sido desarraigada. Y no sabía que este episodio aparentemente inofensivo de una tarde soleada en Florida alteraría completamente su destino.

La historia de abuso sexual infantil de Alan no es única, pero la suya tiene un final más feliz que el de la mayoría. Aunque el incidente ocurrido hacía muchos años en su habitación lo condujo al estilo de vida homosexual, encontró sanidad emocional y una transformación final en 1991 después de recibir consejería de un ministro cristiano en Orlando. Hoy en día tiene una esposa y dos hijos, y sirve como presidente de Exodus International, el servicio nacional cristiano más grande para las personas que luchan con la atracción por su mismo sexo.

“Hoy en día estoy sano”, me contó Alan cuando escribí un perfil de él en la revista *New Man*. “Pero no ocurrió de la noche a la mañana. Tuve que llegar al nivel de ser sincero acerca de mi pasado y luego tuve que encontrar un grupo de cristianos que me amaran sin importar lo que yo había hecho”.[6]

Vivir con secretos sucios

La experiencia de Alan es más común de lo que quisiéramos pensar. Una organización, Childcare U.S.A., dice que el 20 por ciento de los hombres de Estados Unidos ha sido abusado sexualmente, comparado con el 38 por ciento de las mujeres.[7] Pero el abuso sexual es sólo uno de los secretos que los hombres ocultan. Aunque somos expertos en usar una fachada machista y dura, la mayoría de los hombres se sienten débiles en su interior, temerosos e inseguros debido a la vergüenza de su secreto. El historiador francés André Malraux lo dijo de esta manera: "¿Qué es un hombre? Un miserable montoncito de secretos".[8]

Seguramente podríamos decir esto de Adán, el primer hombre. ¿Cuál fue su primera tendencia después de pecar contra Dios? Intentó tapar su pecado vistiendo hojas de higuera. Después trató de esconderse. Cuando Dios lo confrontó, Adán trató de trasladar la culpa a su esposa. Es así como opera la culpa.

A lo largo de los años que he pasado orando con hombres pidiendo libertad espiritual, he aprendido que la mayoría de los individuos acarrea uno o más secretos desagradables. A veces estos están relacionados con un recuerdo traumático. Otras veces el secreto es un hábito pecaminoso o una falla moral grave que nunca han confesado a nadie. Como el marinero del poema de Samuel Taylor Coleridge "The Rime of the Ancient Mariner" que fue obligado a llevar un albatros muerto alrededor del cuello para recordarle su pecado, los hombres frecuentemente llevan un pesada carga de culpa a lo largo de la vida.[9]

Y mientras más tiempo llevamos la culpa, más pesada se vuelve. En la clásica novela de Charles Dickens, *Un cuento de Navidad*, Ebenezer Scrooge era atormentado en su vejez por todos los errores de su pasado. Cuando el fantasma de su fallecido compañero de negocios, Jacob Marley, lo visitó en la víspera de Navidad, llevaba cadenas de hierro herrumbrado que representaban la culpa por explotar a los pobres. Cuando Scrooge le preguntó por las cadenas, Marley contestó: "Llevo las cadenas que forjé en mi vida. Las hice eslabón por eslabón, y metro por metro; me ceñí por mi propio libre albedrío, y por mi propia decisión las usé".[10]

Luego Marley reveló que la cadena de Scrooge era todavía más larga. Dijo: "¿Querrías saber el peso y la longitud de las fuertes vueltas que portas tú mismo? Hace siete vísperas de Navidad era absolutamente tan pesada y larga como ésta. Has trabajado en esto desde entonces. ¡Es una pesada cadena!".[11]

¿Arrastra usted una pesada cadena?

La culpa es en realidad una bendición, porque está diseñada para conducirnos a Dios otra vez para que podamos hallar perdón por medio de la sangre de Cristo. Pero si no nos volvemos hacia Dios por ayuda, debemos acarrear la culpa nosotros mismos, y la cadena se hace más larga y pesada con los años. Por esta razón muchos hombres se endurecen emocionalmente, casi como estatuas, a medida que envejecen. Sepultan su culpa bajo capas de negación y engaño, luego pierden completamente el contacto con sus emociones, y después sus conciencias se vuelven cauterizadas. Finalmente se tornan incapaces de desarrollar relaciones significativas o de mostrar amor. ¡El pecado tiene poder destructivo!

Los hombres esconden su culpa de varias maneras. Algunos beben alcohol, fuman cigarrillos, ingieren otras sustancias, medicamentos recetados, o drogas ilegales, para aliviar la acuciante sensación de condenación. Algunos se vuelven adictos al trabajo, creyendo que si se mantienen suficientemente ocupados no tendrán tiempo para pensar en sus problemas; otros se retraen de la interacción normal con la gente o se vuelven obsesivos con ciertos *hobbies* (como los videojuegos) o deportes. En casos extremos, los hombres guiados por la culpa se enojan tanto que su amargura estalla en una conducta abusiva o hasta en una actividad criminal.

La confesión del pecado nunca es fácil, porque nuestro terco orgullo se interpone. Pero es especialmente difícil para los hombres confesar ciertos pecados por el estigma cultural que conllevan. Los pecados sexuales son especialmente difíciles porque muchas iglesias no proveen un clima de aceptación y amor incondicional hacia la gente que admite que ha tenido dificultades en estas áreas.

Tenía un amigo que sostenía una difícil batalla con la pornografía. Cuando por fin se atrevió a hablar de este problema con un hombre de su iglesia, éste cortó toda comunicación y jamás volvió a hablar con mi amigo, y les dijo a los demás que mi amigo nunca podría ser elegido para asumir ningún liderazgo en la iglesia. No hace falta decir que esta fría y sentenciosa reacción hizo que fuera más difícil que este hermano herido se mostrara vulnerable otra vez. Tenía ganas de retraerse en un caparazón y no salir jamás.

Es así como la vergüenza genera un círculo vicioso. Cuando un individuo peca, tiene temor de exponer sus fallas a la luz del amor Dios porque teme el rechazo. Así que esconde más profundamente su pecado, y esto se vuelve un patrón. Mientras más se hunde en la vergüenza, más temor tiene de admitir su problema. Al poco tiempo, se está ahogando en culpa.

Hay muchas clases de secretos que los hombres acarrean, pero aquí tenemos una lista de los más comunes.

1. Trauma

Algunos individuos han sido expuestos a cosas tan horribles cuando eran niños o adolescentes que ningún ser humano debería presenciar. Un hombre que conozco era sólo un niño cuando se arrastró a un armario del dormitorio y escuchó cuando su padre golpeaba gravemente a su madre. Los niños que presencian tal violencia suelen sentirse responsables del abuso. Sin embargo, puede ser difícil para un hombre admitir los feos secretos familiares. Otros hombres que conozco fueron testigos de atrocidades en el campo de batalla cuando servían en el ejército o incluso ellos mataron personas en combate. Muchos veteranos luchan con intensos sentimientos de culpa y esto incluso puede conducir a trastornos de estrés postraumático o serios problemas mentales.

2. Fornicación

Nuestra permisiva cultura alienta a las personas no casadas a involucrarse con el sexo antes del matrimonio. Las revistas de hombres tales como *GQ* y *Men's Health* suponen que todos los individuos se prestan a las relaciones sexuales con muchas novias, y la única regla que ofrecen es una advertencia políticamente correcta: "Asegúrese de usar condón". Pero la verdad es que Dios no nos diseñó para volvernos sexualmente íntimos con cada mujer que pasa. Él quiere que nos unamos a una mujer para toda la vida. La voluntad de Dios, según 1 Tesalonicenses 4:3, es que "os apartéis de fornicación". *Fornicación* se refiere a cualquier forma de sexo fuera de los límites del matrimonio heterosexual.

Los hombres que eran promiscuos antes de ser cristianos pueden hallar completo perdón cuando se convierten. Pero los cristianos profesantes que tienen sexo con sus novias o eligen convivir con ellas con frecuencia racionalizan esta conducta diciendo que están "practicando" para el matrimonio o "asegurándose de que son compatibles". Esta clase de transigencia espiritual producirá una mayor carga de culpa, por mucho que la cultura apruebe esa conducta.

3. Adulterio

En la película de 1987, *Atracción fatal*, un exitoso abogado de Nueva York, Dan Gallagher, que tenía una esposa y una hija, termina teniendo una aventura de un fin de semana con una hermosa editora de libros llamada Alex.[12] Piensa que la aventura es una conquista de una noche, hasta que Alex comienza a asediarlos a él y a su familia, y Dan se da cuenta de que ella es mentalmente inestable. El mensaje de la película es fuerte. Una vez que usted comete adulterio, no lo puede esconder. Glenn Close, la actriz que hace el papel de Alex, ha dicho a los periodistas que los hombres a menudo le dicen que *Atracción fatal* salvó sus matrimonios porque los aterró.

Sin embargo, hay cristianos que hoy en día cargan por años con la culpa de un *affaire* extramatrimonial. Nunca lo han hablado con sus esposas, sus pastores, o un amigo de confianza. Como el rey David, que mintió acerca de su aventura con Betsabé y hasta hizo matar al esposo como parte del encubrimiento, estos hombres vivirán en continuo sufrimiento hasta que lo confiesen.

4. Aborto

A menudo nos concentramos en la culpa que siente la mujer después de matar a un bebé no nacido, y hasta tenemos un término clínico para eso: trastorno de estrés post aborto, Pero los hombres que dejan embarazada a una mujer y luego abortan los bebés tienen la misma carga de responsabilidad. Son perseguidos por el recuerdo del embarazo por el cual pagaron para acabar, era en realidad una vida humana.

5. Pornografía

Cuando era adolescente, la única pornografía accesible era un material blando como *Playboy*. Para obtenerlo, un muchacho tenía que llevar osadamente la revista al mostrador y comprarla. Mientras tanto, la pornografía dura sólo estaba disponible en las sórdidas tiendas de los suburbios con vidrieras pintadas, y esos establecimientos tenían estrictamente prohibida la entrada de menores de dieciocho años de edad. Ése ya no es el caso. Hoy en día, la pornografía dura de toda variedad imaginable está a un clic de distancia en la Internet o la televisión por cable y los niños pueden acceder fácilmente a ella. Mirar pornografía (a menudo mientras se masturba) es considerado parte de una rutina normal de un varón estudiante de secundaria y muchos hombres mayores hoy en día siguen siendo adictos a la pornografía.

Estoy convencido de que la proliferación de la pornografía es el cáncer número uno que carcome el alma de los hombres en todo el mundo. Como el fruto prohibido que probó Adán, la pornografía es difícil de resistir. La visión y los sonidos generan un repentino aumento de la adrenalina y la emoción de la excitación sexual. Una vez que los hombres se permiten eso, la pornografía puede convertirse en una adicción tan fuerte como la cocaína. Sin embargo, la culpa asociada con la pornografía es una de las principales razones por la cual muchos cristianos viven vidas espirituales derrotadas.

6. Atracción por el mismo sexo

De todos los secretos que cargan los hombres, éste es para ellos uno de los más difíciles de admitir. Aunque muchos hombres consideran de vez en cuando pensamientos acerca del mismo sexo y muchos de ellos se involucraron en algún tipo de actividad del mismo sexo cuando niños o adolescentes (a menudo por simple curiosidad), pocos hombres están dispuestos a hablar de esto con alguien por temor a ser catalogados como homosexuales.

Otros hombres han luchado con sentimientos latentes de atracción por el mismo sexo desde la niñez, con frecuencia debido a la falta de una paternidad adecuada o debido al abuso sexual. La opinión social mayoritaria les dice a estos hombres que se relajen y acepten la homosexualidad como un rasgo innato de la personalidad. Los cristianos evangélicos y algunos en la comunidad psiquiátrica disienten, sosteniendo que la homosexualidad es una forma de quebrantamiento emocional que puede ser restaurado por medio de la oración y la consejería.

Los cristianos que aconsejan a hombres con problemas de atracción por el mismo sexo creen que la homosexualidad realmente puede ser, en algunos casos, un rasgo innato en algunos varones, así como algunos hombres son más propensos al alcohol, al enojo, o la promiscuidad heterosexual debido a pecados generacionales transmitidos por los padres o los abuelos. Además, creen que muchos hombres son guiados al estilo de vida gay porque no tuvieron una figura paterna fuerte en el hogar y su ansiedad por el afecto masculino abrió la puerta a la confusión de género.

La Iglesia ha estado lamentablemente callada en estos asuntos y carente de verdadera compasión por la comunidad homosexual. Aunque no podemos quebrantar el mandato bíblico contra la homosexualidad (como si pudiéramos cambiar la naturaleza de Dios y las leyes de su universo), debemos estar dispuestos a alcanzar a los hombres (y mujeres) que luchan con este pecado, en vez de tratarlos como leprosos.

Sea la homosexualidad una conducta aprendida o una predisposición generacional, o una combinación de ambas, no hay duda de que la sanidad está disponible por medio de Jesucristo.

7. Abuso sexual

Los varones cristianos que fueron abusados cuando niños suelen estar demasiado avergonzados para hablar de su dolor, o debido a que la Iglesia no comprende la disfunción sexual o porque hay un juicio y una condena directa contra quienes afrontan ese problema. Como resultado, muchos hombres sufren en silencio.

Por medio de su trabajo con Exodus International, Alan Chambers ha aprendido de primera mano cuánto prolifera el abuso sexual en Estados Unidos. Él dice que la mayoría de los hombres que vienen por consejería a su oficina de Florida fueron abusados por un miembro de la familia o un amigo. Una encuesta de hombres ex gays reveló que el 51 por ciento de ellos fue abusado antes de los dieciocho años.

"Un niño que ha sido violado por un hombre puede desarrollar la creencia de que él es un poco femenino, porque un varón sintió una fuerte atracción por él", dice David Kyle Foster, un consejero de Nashville, Tennessee, y autor del libro *Sexual Healing* (Sanidad Sexual).[13] "El muchacho puede crecer con el incidente del abuso fijado de manera obsesiva en su mente. De algún modo la mente de un niño puede confundirse y creer que de alguna manera fue creado para la satisfacción sexual de su propio género".

8. Otras formas de perversión

Los hombres pueden estar obsesionados por toda clase de secretos impuros, desde el incesto hasta el exhibicionismo público, desde el bestialismo hasta una obsesión con la ropa interior de las mujeres. A veces el enemigo de nuestras almas induce a los hombres a experiencias perversas para poder atormentarlos con la culpa y, en esencia, reclamar sus almas. Los recuerdos vergonzosos se convierten en micos sobre nuestra espalda, siguiéndonos a todas partes.

Muchos jóvenes hoy en día también son tentados a involucrarse en prácticas sexuales que son una mezcla de ocultismo. Supe de un joven que fue atrapado en una extraña y clandestina subcultura vampiro en la que los jóvenes bebían unos la sangre de otros. Estas prácticas a veces están asociadas a la oscura cultura gótica. Esta clase de experiencias no sólo traen una pesada culpa sino que además exponen el alma humana a una seria opresión demoníaca.

9. Masturbación

Aunque la Biblia no cataloga a la masturbación directamente como pecado, sí se enumera a la "impureza" como una obra de la carne en Gálatas 5:19. (La versión inglesa The Contemporary English Version traduce esta palabra como "pensamientos impuros"). Debido a que la masturbación suele ir acompañada con la visión de pornografía o fantasías inmorales, los hombres que se involucran en esta conducta también luchan con una grave culpa.

En la iglesia actual, hay opiniones que difieren respecto de si la masturbación debería ser condenada o no. Algunos líderes evangélicos enseñan que está bien para los individuos jóvenes, ya que provee un escape sexual en un momento en que la función sexual es más activa. (Sugieren que los hombres solteros que se masturban antes de una cita podrían no ser tentados a involucrarse en el sexo antes del matrimonio). Otros tienen un enfoque más estricto y dicen que toda masturbación es una forma de impureza, en especial porque generalmente toda excitación sexual requiere fantasías.

Mi opinión es que un hombre que desea caminar en santidad delante de Dios debe vivir con una conciencia limpia. Si la masturbación le trae la incómoda pesadez de una conciencia culpable, entonces debería evitarse. Y si un hombre está casado, debe reconocer que cuando se masturba está privando a su esposa del placer sexual que a ella le pertenece. Un hombre que concentra su energía sexual en sí mismo nunca va a tener una relación íntima con su esposa.

10. Abuso doméstico

Una culpa grave penderá sobre el hombre que hiere a su esposa o a sus hijos. Esto se aplica al abuso físico, emocional y sexual. De hecho, el hombre que maltrata a su esposa realmente sentirá que se interrumpe su comunión con Dios. Primera Pedro 3:7 dice:

> Vosotros, maridos, igualmente, vivid con ellas sabiamente, dando honor a la mujer como a vaso más frágil, y como a coherederas de la gracia de la vida, *para que vuestras oraciones no tengan estorbo* (énfasis añadido).

Según este pasaje, un hombre que menosprecia a su esposa al gritarle, golpearla, o abusar de ella de cualquier manera pierde completamente el derecho a la comunicación con Dios. Su conexión con Dios no puede ser restaurada hasta que se trague su orgullo, confiese su pecado y corrija su actitud.

11. Conducta deshonesta y falta de ética

La historia está plagada de registros de hombres poderosos que trataron de negar sus equivocaciones cuando fueron descubiertos. El presidente Richard Nixon hizo su famoso discurso "No soy un sinvergüenza" en 1973, pero renunció a su cargo al año siguiente después de que algunas cintas de grabación revelaran que sabía del encubrimiento de Watergate y que había tratado de detener la investigación del FBI. Él nunca admitió realmente ninguna equivocación.

Muchos hombres viven hoy con secretos vergonzosos que intentan mantener ocultos. Pueden haberle mentido a un cliente para cerrar una venta, o haberse dejado sobornar, o haber hecho ejercicios contables no éticos, o algo ilegal en el trabajo. En el mundo de los deportes profesionales, algunos hombres usan drogas ilegales para sacar ventaja física, al final, cualquier victoria temporal que obtienen se vuelve agria. Hacer trampas nunca lo hará progresar a largo plazo. Aquí es donde necesitamos aplicar las aleccionadoras palabras de Moisés en Números 32:23: "Mas si así no lo hacéis, he aquí habréis pecado ante Jehová; y sabed que vuestro pecado os alcanzará".

12. Negligencia

En una ocasión me encontré con un evangelista itinerante que decía tener un poderoso ministerio nacional. Pero después supe que era buscado por la policía en un estado del oeste por no pagarle la manutención de menores a su ex esposa. Yo no podía entender cómo este hombre tenía la audacia de pararse en un púlpito cuando tenía tantos asuntos sin resolver en su hogar. ¿Cómo podía siquiera dormir por las noches sabiendo que tenía hijos para los cuales no estaba proveyendo? El apóstol Pablo nos dice que un hombre que no es fiel mayordomo de su propia familia no puede representar a Dios en los asuntos del ministerio (1 Timoteo 3:5).

De la misma manera, cualquier hombre que evade su responsabilidad de cuidar a su esposa o a sus hijos vive bajo una nube de culpa hasta que deje de ser un padre negligente. Un verdadero hombre admitirá su error y pagará el monto que sea necesario para cubrir las necesidades de su familia.

Hablemos de esto

1. Los hombres tienen una tendencia natural a esconder su pecado. ¿Cómo respondió el primer hombre, Adán, después de haber pecado contra Dios?
2. ¿Cómo usa Dios la culpa que hay en nuestra vida para conducirnos de regreso a Él?
3. ¿Alguna vez hubo en su vida momentos en que escondió un secreto y terminó por admitirlo? ¿Puede hablar de eso abiertamente?
4. ¿Por qué es especialmente difícil hablar de los pecados sexuales en un ambiente cristiano?

Usted necesita derramar su corazón

Muchos hombres cristianos hoy en día están atrapados en uno o más de los pecados anteriormente enumerados. Se sienten derrotados, indignos y descalificados, pero sufren en silencio. Sus conciencias les recuerdan todos los días sus vergonzosos secretos. Pero todo cuanto hacen es fingir que las cosas están bien. La vida se transforma en una actuación. Se levantan cada día, se ponen su traje de oficina o sus uniformes de trabajo y se arrastran por la vida esperando que nadie descubra jamás cómo son realmente.

Esta no es la manera en que Dios dispuso que vivamos. Esta no es la vida abundante que Jesús nos prometió en Juan 10:10. Él vino para perdonar nuestros pecados, lavarnos de las manchas del pasado, y liberarnos de las cadenas de la culpa. La muerte de Cristo en la cruz pagó completamente por todos nuestros secretos.

Pero para apropiarnos completamente de todas las bendiciones de la salvación, debemos reconocer categóricamente nuestra necesidad de limpieza. Y esto requiere exposición. Debemos traer nuestros pecados secretos a la luz de su santidad para que Él nos libere del poder del pecado.

El pastor bautista Jerry Sutton, autor de *A Simple Guide to the Way Back Home*, (Una guía sencilla para volver a casa), dice que realmente tenemos dos opciones en lo que se refiere a tratar con nuestros secretos:

> En lo relativo a los pecados, podemos tratar con ellos de una de dos maneras. Podemos ocultarlos, lo que significa tratarlos a nuestra manera. O podemos confesarlos y renunciar a ellos, lo cual es tratarlos a la manera de Dios. Las personas ocultan sus pecados racionalizándolos, llamándolos hábitos, compartimentando de la mente e ignorando ese compartimiento, dando excusas por ellos, culpando a otros por ellos, o incluso aplazándolos. Dicen: "trataré con eso mañana". Esas maneras de tratar los pecados sencillamente prolongan el alejamiento.[14]

El apóstol Juan lo dijo de esta manera, en 1 Juan 1:7–9:

> Pero si andamos en luz, como él está en luz, tenemos comunión unos con otros, y la sangre de Jesucristo su Hijo nos limpia de todo pecado. Si decimos que no tenemos pecado, nos engañamos a nosotros mismos, y la verdad no está en nosotros. Si confesamos nuestros pecados, él es fiel y justo para perdonar nuestros pecados, y limpiarnos de toda maldad.

La libertad requiere genuina sinceridad. Si no puede hablar abiertamente con alguien de sus hábitos y luchas pecaminosos, nunca podrá caminar en el ámbito del completo perdón que está disponible para usted. Lo animo a que dé estos tres pasos tan pronto como sea posible:

1. Encuentre un hermano en quien pueda confiar.

Usted no puede hablar con cualquiera. Lo mejor que puede hacer es identificar un hombre cristiano maduro que tenga un sólido andar con Dios. Su pastor sería la opción ideal, si usted se siente cómodo hablando con él. O podría ser otro pastor del grupo de su iglesia, o un amigo íntimo que lo conoce a usted bien. Acuerde una cita con ese hombre y dígale que necesita compartirle algo muy personal. Trate de reunirse en un lugar privado donde nadie pueda oír su conversación.

2. Abra su corazón y hable de su secreto con sinceridad.

Comience por pedirle a su amigo que mantenga en privado la conversación. Si le interesa su amistad, él le asegurará total confidencialidad. Luego dígale que ha estado atormentado por la culpa asociada con los pecados del pasado que lo asedian. Sea un hombre y asuma su responsabilidad.

Para algunos hombres esto resulta sumamente difícil. Les transpiran las palmas de las manos, les tiemblan las rodillas y su corazón se acelera. Algunos hombres comienzan a llorar, aunque antes nunca se hayan permitido llorar. Eso está bien. Deje que las lágrimas corran. La confesión es buena para el alma y el llanto es la manera en que Dios le da un escape emocional de toda la vergüenza que ha sepultado por tanto tiempo.

Después de confesar su pecado, algunos hombres automáticamente esperan ser rechazados o que se los aleje. Imaginamos que nuestro amigo nos mirará disgustado y gritará: "*¿Qué* hiciste?". Eso no ocurrirá. Un hermano cristiano piadoso lo abrazará, lo consolará, y lo aceptará. Hasta quizás le comparta algunas de sus propias fallas como recordatorio de que todos los hombres luchamos con el pecado. No deje que el temor al rechazo le impida obedecer este paso bíblico de la confesión.

3. Reciba la oración de sanidad.

Santiago 5:16 dice: "Confesaos vuestras ofensas unos a otros, y orad unos por otros, para que seáis sanados. La oración eficaz del justo puede mucho". La confesión es sólo un primer paso. Necesitamos oración específica por sanidad y cierre.

Esto puede no ocurrir todo en una sesión. En realidad, después de que se reúne con su amigo tal vez se dé cuenta de que necesita una consejería regular en algún área. Su amigo puede ayudarlo a encontrar el ámbito adecuado para que usted reciba toda la ayuda que necesita. Los hombres que fueron abusados cuando eran niños, por ejemplo, pueden además necesitar liberación de poderes demoníacos. Un hombre que ha estado golpeando a su esposa necesita continua consejería (así como su cónyuge).

Los hombres que luchan con la atracción por el mismo sexo pueden encontrar ayuda en Exodus International u otro ministerio similar para ex gays. Grupos como éste proveen recursos especializados diseñados para este problema. Cuando Alan Chambers, el fundador de Exodus, se unió a un grupo de rendición de cuentas, su amigo heterosexual Kirk le ofreció consejería, oración, y abrazos no sexuales. El afecto, que hizo que en una ocasión Alan llorara durante cinco horas seguidas, le ayudó a recuperar su identidad sexual. Los abrazos de Kirk, en cierto sentido, llenaron el vacío que dejó el papá poco cariñoso de Alan.

4. Habitúese a ser responsable.

Después de haber confesado y recibido oración, quizás necesite además unirse a un grupo regular de apoyo que esté diseñado para sus necesidades. Muchas iglesias ofrecen hoy en día clases para hombres que han sido adictos a la pornografía.

Algunos hombres también necesitarán hacer restitución por sus pecados. Si un hombre confiesa que robó propiedad de su empleador o mintió acerca del impuesto a sus ingresos, será necesario que devuelva el dinero robado. Un hombre que ha estado atrapado en un *affaire* extramatrimonial debe continuar rindiendo cuentas para que finalice esa relación y trabaje para restaurar su matrimonio.

5. Enfrente su dolor y perdone.

Si usted fue abusado sexualmente, trate de contactar a la persona que lo hizo y confróntela. Sin embargo, antes de hablar con la persona, perdónela de todo corazón y busque tener la compasión de Cristo por él. No se le acerque mientras tenga enojo o amargura en su corazón.

Hoy muchos hombres que nunca habían tenido la valentía de enfrentar el dolor del abuso están buscando ayuda en consejeros cristianos. Uno de ellos es Jim Bakker, el ex evangelista televisivo, quien admitió en su libro *I was wrong* (Estaba equivocado) que fue abusado a la edad de once años por un joven de su iglesia.[15] Bakker relató a la revista *Charisma* que cuando estuvo en la cárcel trató con el tema del abuso y habló al respecto con el capellán de la prisión.[16]

"Pasé mi vida creyendo que el abuso había sido por mi culpa", dijo Bakker. "La primera vez que compartí mi relato en una reunión de hombres en una iglesia de Florida, quedé atónito por la cantidad de hombres que se acercaron a mí y me dijeron que también ellos habían sido abusados cuando eran niños".[17]

La mentira dice que los hombres nunca deben admitir sus debilidades. Pero la verdad es que solamente los hombres que son vulnerables y sinceros hallarán verdadera fortaleza de carácter. En realidad, el orgullo masculino el mayor enemigo de la verdadera hombría.

Hablemos de esto

1. Santiago 5:16 dice que debemos confesar nuestros faltas unos a otros. ¿Por qué es tan importante para nosotros hablar de nuestros secretos más profundos con otra persona? ¿No es suficiente con contarle a Dios?
2. ¿Cuál es por lo general el mayor impedimento para confesar nuestros pecados a otra persona?
3. ¿Qué es la restitución, y por qué es tan importante? Dé un ejemplo de un pecado que podría requerir restitución.
4. Después de leer este capítulo, ¿piensa que necesita concertar una cita con otro hermano y confesar algo? ¿Está dispuesto a comprometerse a hacerlo?

El monstruo de su sótano

Cuando era niño estaba aterrado por el hombre pez con escamas que atacaba a los científicos de un barco en *El monstruo de la Laguna Negra*. También tenía algunas pesadillas después de ver esas tontas películas de *Godzilla*, y estaba aterrado con el malvado mono volador de *El Mago de Oz*. Cuando crecí me di algunos sustos divertidos con el monstruo come astronautas de *Alien* y el cadáver ambulante de tres mil años de edad de *El regreso de la momia*.

Puedo bromear acerca de los monstruos de las películas ya que no son reales. Hasta puedo reírme y comer palomitas de maíz mientras miro a los dinosaurios revitalizados persiguiendo a la gente en *Jurassic Park*. Pero para ser sincero tengo que admitir que afronto otra clase de monstruos todos los días. Es el monstruo de mi naturaleza pecaminosa. Y no es motivo de risa.

Todos estamos familiarizados con este monstruo. El apóstol Pablo, escribiendo a los romanos, dijo que el pecado siempre nos acecha. Romanos 7:18–21 dice:

> Y yo sé que en mí, esto es, en mi carne, no mora el bien; porque el querer el bien está en mí, pero no el hacerlo. Porque no hago el bien que quiero, sino el mal que no quiero, eso hago. Y si hago lo que no quiero, ya no lo hago yo, sino el pecado que mora en mí. Así que, queriendo yo hacer el bien, hallo esta ley: que el mal está en mí.

Estoy seguro de que usted se identifica con las sinceras palabras de Pablo. No está hablando de los conflictos de una persona antes de la conversión. Describe nuestro viaje de fe después de dar nuestros corazones a Cristo. Aunque el Espíritu Santo vive en nosotros, tenemos una batalla en nuestras manos. Nuestra naturaleza pecaminosa ruge constantemente. Nuestra carne quiere desobedecer la ley de Dios aunque nuestra conciencia despierta quiere hacer lo correcto. Todos enfrentamos este conflicto.

A lo largo de los años he aconsejado a muchos jóvenes que afrontan a diario las tentaciones sexuales. Estos individuos suelen venir desalentados y frustrados. Aman a Dios, y tratan de servirle fielmente, pero se sienten abrumados por la acechanza del pecado. La pornografía es sumamente accesible en sus computadoras y algunos de sus amigos viven en relaciones inmorales.

Así que estos individuos me preguntan cómo pueden vivir vidas puras en una cultura saturada de sexo.

Siempre vuelvo a Romanos 7 y les recuerdo a mis amigos que el apóstol Pablo, probablemente el más grande cristiano que jamás haya vivido, compartió sus luchas. No sabemos si la tentación sexual le resultó un problema importante, pero él admitió que se sentía débil al hacer frente a la atracción del pecado.

Suelo usar este pasaje de Romanos como base para una analogía acerca del monstruo de mi sótano. Se la compartiré.

Suponga que usted vive en una casa de dos pisos con sótano. Rara vez baja al nivel inferior de la casa porque sabe que allí hay un monstruo enjaulado. Puede oírlo gruñir todos los días, y sabe que está sediento de sangre. Tiene colmillos, garras y una apariencia espantosa.

Pero no puede morderlo porque está encerrado en una jaula. Todo lo que puede hacer es asustarlo, a menos que usted, por supuesto, decida aventurarse al sótano y meter su mano entre las rejas. O si quiere ser todavía más tonto, puede tomar las llaves que cuelgan de la pared, abrir la jaula y darle algo de comida.

La mejor opción sería ignorar al monstruo. Y será más fácil ignorar sus gruñidos si usted pasa más tiempo en el piso superior de la casa, tan lejos del ruido como sea posible. El monstruo seguiría estando allí, pero si usted está arriba, tan lejos que no puede oír sus gritos amenazantes, nunca se le acercará.

Esto es, en esencia, lo que Pablo les dijo a los romanos que hicieran con su naturaleza pecaminosa. Primero hizo una pregunta obvia: "¡Miserable de mí! ¿Quién me librará de este cuerpo de muerte?" Luego proveyó la respuesta:

> Gracias doy a Dios, por Jesucristo Señor nuestro. Así que, yo mismo con la mente sirvo a la ley de Dios, mas con la carne a la ley del pecado. Ahora, pues, ninguna condenación hay para los que están en Cristo Jesús, los que no andan conforme a la carne, sino conforme al Espíritu. Porque la ley del Espíritu de vida en Cristo Jesús me ha librado de la ley del pecado y de la muerte.
>
> —Romanos 7:25–8:2

Pablo nos llama a un lugar más alto, a un lugar de escape. Aunque nunca estaremos completamente libres de la acechanza del pecado en esta vida, Dios nos da, por medio del pacto de la gracia, una manera de ahogar los ruidos del monstruo que está en nuestro sótano. Es la gracia la que nos sienta en los lugares celestiales con Cristo para que no estemos en el mismo nivel que el pecado, podemos vivir por encima de él. Así como la ley de la aerodinámica levanta un avión del suelo y supera la ley de gravedad, la ley del Espíritu de vida en Cristo Jesús nos levanta por encima de la tentación y de la esclavitud del pecado.

Si usted está luchando con un hábito pecaminoso o una tentación constante, o si ha caído en pecado muchas veces y se siente un fracasado, deje el sótano y salte al nivel superior de su casa. Cierre la puerta del monstruo encadenado y elévese por encima de él. Tome su lugar con el Cristo resucitado, que se ha elevado por encima del pecado y se ha convertido en su amo.

Y mientras pone firmemente el pie sobre el monstruo de su naturaleza pecaminosa, medite en la verdad de las palabras de Pablo en Romanos 6:14: "Porque el pecado no se enseñoreará de vosotros; pues no estáis bajo la ley, sino bajo la gracia". Cristo vive en usted, y su gracia le ha sido dada gratuitamente para investirlo de poder en este conflicto. Puede mirar hacia abajo sobre el rugiente monstruo del pecado y decirle que se calle.

Oremos por esto

Padre, no quiero que nada estorbe mi relación contigo. Pongo mi corazón descubierto ante ti. Quita de mí todo orgullo que ha cubierto con engaño mi pecado. Ayúdame a ser sincero contigo acerca de la condición de mi corazón. Ayúdame a tragarme mis temores a exponerme para que pueda traer todas mis fallas y debilidades a tu luz. Amén.

Yo no lloro. Aborrezco las lágrimas, porque son un signo de esclavitud.[1]

—Max Beckmann

Con frecuencia quiero llorar. Ésa es la única ventaja que las mujeres tienen sobre los hombres: al menos ellas pueden llorar.[2]

—Jean Rhys

Tanto la risa como el llanto responden a la frustración y al agotamiento. Yo prefiero la risa, porque después hay menos que limpiar.[3]

—Kurt Vonnegut, autor

Las lágrimas son un regalo de Dios para nosotros. Nuestra agua bendita. Ellas nos sanan mientras fluyen.[4]

—Rita Schiano

La pena no llorada sangra por dentro.[5]

—Christian Nevell Bovee

Lo que el jabón es para el cuerpo, son las lágrimas para el alma.[6]

—Proverbio Judío

Las lágrimas derramadas por uno mismo son lágrimas de debilidad, pero las lágrimas derramadas por otros son un signo de fortaleza.[7]

—Evangelista Billy Graham

MENTIRA Nº 9

LOS VERDADEROS HOMBRES NO LLORAN.

Nunca conocí a George Banks. Eso sería imposible, ya que él es el padre de ficción interpretado por Steve Martin en la película de 1991 *El padre de la novia*.[8] Pero yo siento que conozco a George, porque he visto tantas veces esa boba comedia. La volví a ver justo antes de la boda de mi segunda hija a fines de 2009.

Supongo que la película proporciona una suave forma de terapia. Me ayuda a lidiar con mi pérdida. A pesar de que todos decían: "¡Usted no pierde una hija! ¡Gana un hijo!", yo comencé a sentir un incómodo bulto en mi garganta, por lo menos setenta y dos horas antes de la ceremonia. Sí, sabía que yo, un hombre adulto, lloraría en esta boda. Cuando Margaret, mi hija mayor, se casó en 2008, mis lágrimas comenzaron a fluir tan pronto como las abuelas se sentaron. Me pregunté: ¿Podré mantenerme sereno esta vez?

Entregar una hija es asunto difícil para un padre. Aunque yo no soy tan nervioso como George Banks, me identifico con sus ansiedades paternas. Como la mayoría de los padres, le preocupaba que el prometido de su hija pudiera ser un criminal disfrazado; también lo inquietaban los ricos padres del novio (y husmeó en los cajones de su escritorio para averiguar cuánto dinero tenían), y, en casi todas las escenas, estaba al borde del soponcio por los costos de la torta de bodas, los trajes de etiqueta y la comida para la recepción.

Aunque la mayoría de la gente simplemente se ríe de George, me identifico con él. Yo sabía cuánto puede costar la boda cuando se suman los gastos del alquiler de la iglesia, los del servicio de comida, los honorarios del fotógrafo, los del florista, los de los músicos y el vestido de novia. Entendí por qué George quería tener la recepción en su restaurante favorito, El pozo del solomillo. (Su hijo le sugiere: "Papá, no me parece que *pozo* sea una palabra apropiada para una invitación a una boda.")

En la película, la ansiedad reprimida de George por la boda estalló en un ataque de ira por el costo de los panes de los perros calientes y aterrizó en la cárcel después de amenazar al gerente de la tienda de comestibles en el pasillo donde estaba el pan.

No asalté a nadie durante los compromisos de mi primera y segunda hija. Decidí confiar en que Dios proveería para todos los gastos de la boda. Pero eso es mucho más fácil que confiar en el tipo que está de pie en el altar de la iglesia sonriendo de oreja a oreja. Se está llevando a tu hijita de luna de miel y luego vivirá con ella el resto de su vida y la mantendrá con... ¿qué?

Todos los padres de hijas deben enfrentar este momento inevitable. Sabía que algún día un novio me reemplazaría. Tuve que dejarla ir.

Sabía de memoria las palabras de Génesis 2:24 que se leen en la ceremonia: "Por tanto, dejará el hombre a su padre y a su madre, y se unirá a su mujer, y serán una sola carne". Ese versículo sonó tan romántico en mi propia boda; y ahora sonaba frío, siniestro, y muy, muy definitivo.

Cuando Georgia Meredith subió las escaleras desde el sótano de la iglesia esa fría noche de diciembre, y me tomó del brazo, veintidós años de recuerdos inundaron mi cerebro en un segundo. Esta era la niñita que, a los tres años, se rompió el diente al caerse de su triciclo. Esta es la chica a quien le gustaba leer la enciclopedia de los animales con su papi después que todo el resto de la familia se había ido a dormir.

Ahora llevaba un vestido largo y suelto y parecía una princesa, pero yo no era su Príncipe Azul. Mi trabajo consistía solamente en acompañarla hasta el altar y colocar su mano en la de él.

Me las arreglé bien con las lágrimas al principio. No fluían con demasiada fuerza. Cuando el pastor preguntó: "¿Quién entrega esta mujer a este hombre para casarse?", tosí mi línea oficial: "Su madre y yo", y tomé suficiente aliento para susurrarle a Sven: "Es toda tuya".

Pero cuando Sven comenzó a repetir sus votos a Meredith, se ahogó de emoción. Eso provocó una reacción en cadena y yo perdí. En unos pocos segundos, tanto el novio como el padre de la novia eran un desastre. Yo no me recuperé hasta que la pareja intercambió los anillos.

En *El padre de la novia*, George no llegó a hablar con su hija en la recepción porque estaba demasiado ocupado moviendo autos que habían aparcado ilegalmente frente a su casa. No tuvimos ningún problema de aparcamiento en la boda de Meredith y Sven. Tuve la oportunidad de despedir adecuadamente a Meredith y bailamos juntos "Georgia on My Mind", de Ray Charles.

Me desprendí de mi niña, pero las lágrimas fluyeron algunas veces más después de la boda. Y mis ojos todavía se nublan un poco cuando escucho esa canción.

La temida palabra "mariquita"

Realmente, me resultó fácil llorar en la boda de mi hija. Después de todo, yo tenía cincuenta y un años de edad y no me importaba lo que pensaran. Pero no siempre fue así. Cuando era más joven, estaba condicionado por mi cultura para creer que los hombres no deben llorar.

Esto se hizo dolorosamente real para mí cuando tenía unos nueve años. Cada mes de agosto mis padres nos llevaban a mi hermana y a mí a una reunión familiar en el este de Alabama. Yo esperaba esos días sobre todo porque me encantaba jugar con mi primo menor, Chris, en una enorme piscina comunitaria. Había tanto amor y unión familiar durante esos tres días que yo odiaba que se terminaran. Cuando terminó el almuerzo del último día y se nos dijo a los niños que saliéramos de la piscina, me puse a llorar. Sencillamente, no quería dejar a mis tías, tíos y primos.

Nunca olvidaré la sensación de bochorno y la vergüenza que sentí mientras me sorbía los mocos en el asiento trasero de nuestro sedán familiar. Mis padres probablemente sólo pensaban que era muy infantil. Yo estaba especialmente avergonzado de estar llorando frente a mi hermana mayor. Y podía escuchar todo tipo de nombres crueles que me lanzaban voces imaginarias, algunas de los cuales me habían dicho palabras similares en mi clase de tercer grado: "Mariquita", "¡Llorón!" o "¡Eres una marica!"

Cualquier niño que ha sido llamado "marica" por sus compañeros de clase sabe que esas palabras pueden cortar como un cuchillo y se alojan en su alma como una astilla enconada. El cuestionamiento de la masculinidad de un niño a esa tierna edad es traumático, y ese mezquino etiquetado puede provocar una profunda inseguridad, confusión de género, o ansiedad muy arraigada. En mi caso, yo temía tanto esa palabra que construí un muro de protección alrededor de mi corazón. Tragué saliva y me prometí que nunca volvería a llorar. Tuve que mostrarme duro. Tuve que fingir que era fuerte.

Atravesé mis años de adolescencia llevando un invisible campo de fuerza protector. Hice todo lo posible por evitar cualquier signo de debilidad. No quería que nunca más me volvieran a llamar mariquita, así que reprimí mis emociones, mantuve los ojos secos, y evité la clase de matones que podrían sacar esa temida palabra de su arsenal verbal. Mi mayor temor en la vida era que impugnaran mi hombría, en especial, frente a un grupo de preadolescentes burlones.

Pero había un problema: yo no entendía realmente lo que era la verdadera hombría. Los agresores tampoco. Ellos eran tan inseguros como yo (tal vez incluso más) y llamaban mariquitas a otros niños porque tenían dudas sobre su propia masculinidad.

Mi liberación vino a los dieciocho años, cuando entregué mi vida a Jesús y le pedí que fuera el Señor de mi vida. Cuando comencé a estudiar la Palabra de Dios, descubrí que en la Biblia los hombres no reprimían sus emociones. En realidad, parecía que los personajes de la Biblia habían vivido en un mundo totalmente diferente al mío. Tanto en el Antiguo como en el Nuevo Testamento, la mayoría de los héroes masculinos fueron emocionalmente libres.

Esaú, que definitivamente se ajusta a la descripción de un hombre machista (era un hombre peludo a quien le gustaba cazar) lloró profusamente cuando se reconcilió con su hermano gemelo, Jacob (Génesis 33:4).

José, cuando se reunió con sus hermanos con quienes estaban distanciados, lloró con tanta fuerza que en la casa de Faraón todos oyeron su llanto (Génesis 45:2).

El rey David, que derrotó a Goliat y condujo a sus ejércitos en batalla, lloraba a menudo. Sus lágrimas fluían libremente en la adoración (Salmo 39:12), y no ocultó sus lágrimas cuando sus esposas e hijos fueron secuestrados en una incursión a Siclag (1 Samuel 30:4). Y cuando se dio cuenta de que debía huir de Saúl y dejar a su amigo y aliado Jonatán, ambos hombres lloraron juntos (1 Samuel 20:41).

El rey Ezequías lloró de remordimiento mientras oraba para ser curado (2 Reyes 20:3), y Dios honró al rey Josías por sus lágrimas de arrepentimiento (2 Reyes 22:19).

Nehemías lloró intercediendo por la ciudad de Jerusalén que estaba en ruinas (Nehemías 1:4), y su despliegue emocional le ganó el favor del rey para su misión de reconstruirla.

Y no podemos olvidarnos de Jeremías, el hombre conocido como "el profeta llorón". En Jeremías 9:1 declaró: "¡Ojalá mi cabeza fuera un manantial, y mis ojos una fuente de lágrimas, para llorar de día y de noche por los muertos de mi pueblo!" (NVI).

Cuando llegamos al Nuevo Testamento, vemos que Jesús se sintió completamente cómodo derramando lágrimas en público. Lloró cuando su amigo Lázaro murió, lo que hizo notar a los dolientes la profundidad de su amor (Juan 11:35), y lloró sobre la ciudad de Jerusalén, porque sabía el destino de los que morirían allí (Lucas 19:41). El escritor de Hebreos también nos dice que Jesús obtuvo la salvación de la muerte a través de "fuerte clamor y lágrimas" cuando se rindió a la voluntad de Dios en el huerto de Getsemaní (Hebreos 5:7, NVI).

Por último, el apóstol Pablo, literalmente derramó lágrimas en sus epístolas a causa de su amor por la iglesia primitiva. Dijo que "les escribí con muchas lágrimas" (2 Corintios 2:4), lloró cuando amonestó a los Efesios (Hechos 20:31), y habló a menudo de profundos dolores de intercesión, el tipo de oración que consiste en "gemidos que no pueden expresarse con palabras" (Romanos 8:26, NVI).

Si en todos estos hombres—incluido el mismo Hijo de Dios—encontramos esa libertad para llorar sin vergüenza o arrepentimiento, ¿por qué hoy nos resulta tan difícil ser emocionalmente vulnerables? ¿Podrá ser que el enemigo de nuestras almas haya diseñado una conspiración para mantener a los hombres en una cárcel de miedo que les impide liberar emociones piadosas? Creo que esto es exactamente una estratagema de Satanás.

El olvidado poder del quebrantamiento

Después de haberme rendido al señorío de Cristo, fui lleno con el Espíritu Santo. Esto me ayudó a tener una nueva revelación de la Biblia, y empecé a descubrir el amor del Padre por mí. También empecé a averiguar quién era realmente yo y cómo me hizo Dios.

Me enteré de que Él me creó para ser un ser emocional. Tengo conductos lacrimales por alguna razón. También descubrí que me dio un carácter sensible. Lloro con facilidad, no porque sea débil o afeminado, sino porque Él me ha dado el tipo de personalidad profética que se identifica con el dolor de otras personas y discierne en el reino espiritual.

Después de ser lleno del Espíritu Santo, comencé a experimentar la sanidad de mis emociones dañadas. Se trata de un proceso de renovación que está disponible para todos los cristianos. Dejé de creer las mentiras que había creído acerca de mí mismo. Solté todo el rencor y el resentimiento que había en mi corazón hacia la gente que me había herido. Incluso encontré libertad emocional del dolor causado por las palabras hirientes que habían sido lanzadas contra mí cuando era niño. Este proceso de sanidad interior se describe de esta manera en Ezequiel 36:26:

> Les daré un nuevo corazón, y les infundiré un espíritu nuevo; *les quitaré ese corazón de piedra que ahora tienen*, y les pondré un corazón de carne (NVI, énfasis añadido).

Observe que Dios dice que eliminará el "corazón de piedra". Esto es lo que hoy muchos hombres luchan por superar. Nuestros corazones están endurecidos por el pecado, por decisiones equivocadas, por el orgullo, y por nuestra obstinada negativa a escuchar las instrucciones de Dios. Cuando venimos al Señor, Él nos da su Santo Espíritu para completar el proceso de ablandamiento para que podamos oír la voz del Señor, recibir la revelación de su Palabra, el flujo de su unción, y ministrar efectivamente a la gente.

Pero para que lleguemos a ser vasijas útiles de su Espíritu, debemos permitir que Dios rompa nuestro "hombre exterior", que consiste en nuestra mente, voluntad y emociones. Si nuestra naturaleza almática sigue siendo difícil, Dios no puede fluir a través de nosotros.

Watchman Nee, el famoso evangelista y maestro de la Biblia chino, que vivió desde 1903 hasta 1972, explica este importante principio en su clásico libro *La liberación del Espíritu.*[9] Él escribe:

> ¡Ninguna vida manifiesta más belleza que la que se quebranta! La obstinación y el amor propio han dado paso a la belleza en el que ha sido quebrantado por Dios... Nuestra única esperanza es que el Señor pueda abrir un camino de salida de nosotros, rompiendo nuestro hombre exterior, quebrándolo hasta el punto de que el hombre interior pueda salir y ser visto. ¡Esto es precioso! Éste es el camino para los que sirven al Señor. Sólo por este proceso podemos servir al Señor y sólo por este procedimiento podemos guiar a los hombres al Señor. Sólo es útil la persona a través de quien Dios puede salir.[10]

Nee enseñó que Dios usa diversas pruebas y dificultades de nuestras vidas para romper el hombre exterior. Dios quiere pulverizar toda la dureza de nuestro corazón, quiere que seamos como masilla blanda, moldeable en sus manos. Aunque Él ciertamente nos ha llamado a los hombres a ser fuertes en el Señor "y en el poder de su fuerza" (Efesios 6:10), no quiere que seamos difíciles, duros, tercos u orgullosos. Debemos entregarle toda dureza a Él.

Realmente no hay nada más hermoso que un hombre que ha sido triturado por el proceso de santificación de Dios. Podemos ver esto en el ejemplo de Jacob en el Antiguo Testamento. La primera vez que vemos a Jacob, él es cómplice de un engaño; a medida que crece, trata de manipular las circunstancias para salirse con la suya. Dios tiene que traer a su camino todo tipo de pruebas y circunstancias incómodas para triturar su egocentrismo.

Pero al final, vemos la lucha de Jacob con el ángel del Señor hasta el amanecer. La Biblia dice que Dios tocó el encaje del muslo de Jacob y le dislocó la cadera (Génesis 32:25). Otra traducción dice que Dios le contrajo el músculo del muslo, que justamente es el músculo más grande del cuerpo. Cuando la historia concluye vemos a Jacob caminar con una cojera notable al salir el sol. Llevaría esa cojera por el resto de su vida.

Si realmente deseamos ser hombres de Dios, también nosotros debemos entrar en un combate de lucha libre con Dios y permitirle que nos derribe. Debemos darle permiso para dislocarnos en el lugar de nuestra mayor fortaleza humana. Y debemos dejar que triture nuestros duros corazones y que hiera nuestro orgullo hasta el punto de quedar con una cojera para siempre.

Es de estima ante los ojos de Dios que un hombre fuerte le dé permiso para quebrantarlo y hacerlo manso, humilde, sensible y espiritual. Usted no debe temer este proceso. El trituramiento de Dios no lo va a hacer un marica o un cobarde; el poder divino se perfecciona en la debilidad. Usted va a ganar más almas, echar fuera más demonios, e influir a más personas para Cristo estando debilitado de lo que podría hacer como un hombre fuerte y seguro de sí mismo.

Hablemos de esto

1. ¿Creció creyendo que no era apropiado que los niños llorasen? ¿Hoy le resulta fácil llorar?
2. ¿Por qué cree que hoy en día los hombres de nuestra cultura no se sienten tan cómodos de mostrar sus emociones como los hombres de la época bíblica?

3. ¿Por qué es importante para cada hombre pasar por el proceso de quebrantamiento espiritual?

Recuperar nuestras emociones masculinas perdidas

Muchos hombres tienen la equivocada noción de que mostrar emociones es cosa de mujeres, en tanto que los hombres deben ser rígidos y estoicos. No hay absolutamente nada bíblico en esta filosofía. En realidad el estoicismo, que promueve la razón por encima de cualquier despliegue emocional, es un concepto pagano inventado por el filósofo griego Zenón.

Dios hizo tanto a hombres como mujeres criaturas emotivas y nuestras emociones son reflejos de la naturaleza divina. Dios tiene la capacidad de sentir alegría, tristeza, ira, celos y celo intenso. Él nos ha creado con las mismas emociones. No hay absolutamente nada en la Escritura que indique que las mujeres son más emotivas o que experimentan ciertas emociones con más fuerza que los hombres.

Pero por causa de actitudes machistas, inseguridad y orgullo masculino, la iglesia ha sido privada de una fuerza dinámica porque las emociones de los hombres fueron reprimidas y aprisionadas. Es como si varios cilindros del motor espiritual de la iglesia hubieran sido retirados, haciéndonos débiles e impotentes. Creo que los hombres cristianos deben recuperar tres expresiones perdidas de la espiritualidad masculina.

1. Compasión protectora

Mi amigo Randy Landis, un pastor de Pensilvania, fue uno de los primeros misioneros cristianos en volar a Haití después de que un poderoso terremoto sacudió a la nación en 2010. Se aventuró allí con cuatro hombres de su iglesia para asegurarse de que un orfanato que patrocinaban, cerca de Puerto Príncipe, estuviera en buenas condiciones estructurales. Cuando Randy y sus amigos llegaron al complejo, trasladaron a los niños a otro centro y permanecieron allí durante varios días para ayudar a distribuir suministros para auxiliar a las víctimas del terremoto.

Cuando hablé con Randy al regreso de su viaje, rompió en llanto varias veces al describir la devastación y el efecto que el desastre había causado en los niños que tuvo a cargo. Randy no es un hombre débil, es un buen golfista y un predicador enérgico. Pero ver esas desesperantes necesidades humanas abrió en este hombre una fuente de auténtica preocupación y lloró libremente. Yo lo respeté aún más cuando le vi esta muestra de ternura.

Del evangelista británico George Whitefield se decía que era tan ferviente en su predicación que rara vez daba un sermón sin lágrimas. Su amigo, el señor Winter escribió de Whitefield: "A veces lloraba tanto, y con frecuencia estaba tan abrumado, que por algunos segundos usted pensaba que nunca se recuperaría... Difícilmente recuerdo que haya dado un sermón sin llorar poco o mucho".[11]

Whitefield dijo una vez a una de sus audiencias: "Me critican por llorar, pero ¿cómo puedo evitarlo, cuando ustedes no lloran por sí mismos, a pesar de que sus almas inmortales están al borde de la destrucción, y, por lo que sé, ustedes podrían estar escuchando su último sermón, y tal vez nunca tengan la oportunidad de que Cristo les sea presentado?".[12]

No hay nada más cristiano que ver a un hombre fuerte, masculino, llorar cuando siente el amor de Dios por la gente. El mundo necesita ver este tipo de despliegue emocional. Hoy nuestro cristianismo es demasiado seco. Suponemos que vamos a ganar el mundo con palabras espirituales agradables y sermones elocuentes. Pero en realidad esas palabras no encuentran eco, a pesar de que nuestra doctrina es perfecta, porque carecen de verdadera emoción. Debemos pedirle a Dios que rompa nuestros corazones para que puedan fluirnos lágrimas de verdad.

2. Santo celo

Charles Spurgeon, el gran predicador británico del siglo XIX, entrenó a cientos de ministros en su escuela bíblica. Les enseñaba la Palabra, por cierto, pero también los instaba a ir más allá del conocimiento cerebral. El cristianismo no es auténtico si no fluye desde el corazón.

Les dijo a sus estudiantes: "El éxito ministerial puede rastrearse casi en su totalidad hasta un intenso celo, una consumidora pasión por las almas, y un ávido entusiasmo por la causa de Dios, y creemos que en cada caso, en igualdad de condiciones, los hombres prosperan en el servicio divino en la proporción en que sus corazones arden de amor sagrado".[13]

Spurgeon continuó: "Un pilar de luz y de fuego debe ser el emblema adecuado del predicador. Nuestro ministerio debe ser enfático, o nunca afectará a esta época desconsiderada, y para ello nuestro corazón debe estar habitualmente ardiendo, y toda nuestra naturaleza debe ser alimentada por una pasión que lo consume todo para la gloria de Dios y el bien de los hombres".[14]

Este tipo de celo es raro en los púlpitos de Norteamérica hoy en día. A menudo escuchamos refritos de tópicos mal hilvanados, que se entregan en tono monocorde. O, en el otro extremo, oímos gritos y gritos desde el púlpito, pero parecen falsos y artificiales. En cualquier caso, es porque los hombres que entregan el mensaje no han sido atravesados en el centro de su ser por el rayo de Dios.

Necesitamos desesperadamente un bautismo de fuego que se traduzca en auténtico celo. Hoy muchos hombres de Dios son pasivos y reservados acerca de su fe. Jesús nos dijo que no ocultemos nuestra luz debajo de un almud, pero hacemos más que ocultarla, la apagamos. Es hora de que emerjamos como los trescientos guerreros de Gedeón; debemos romper nuestras ollas de barro, sacar nuestras antorchas encendidas y correr a la línea de batalla con una ardiente pasión espiritual.

3. Ferviente oración

Nada ha sido más dañino para la Iglesia que la idea de que sólo las mujeres están llamadas a orar. Esto no sólo ha limitado a nuestras mujeres a un papel estrecho (especialmente aquellas que están llamadas a servir en otras funciones ministeriales, tales como la enseñanza o la predicación), sino que también ha mantenido a los hombres fuera del salón de oración. En la mayoría de las iglesias de Norteamérica, si usted llama a una reunión de oración normalmente viene alrededor de un 90 por ciento de mujeres y un 10 por ciento de hombres. La mayoría de los hombres cristianos ve a la oración como una cosa de mujeres.

Eso es un engaño abominable que no tiene ninguna base en la Escritura. Por supuesto, hay numerosas mujeres guerreras de oración en la Biblia. Pero desde que el padre de nuestra fe, Abraham, intercedió a favor de su sobrino Lot para sacarlo de las garras del peligro en Sodoma, los hombres de Dios han orado y mediante sus oraciones cayó fuego del cielo, el sol se detuvo en su curso, se enviaron ejércitos celestiales, quedaron expuestos planes genocidas y se cerraron bocas de leones. Por cada Ana y Débora en la Biblia tenemos un Daniel y un Ezequiel.

Dios realmente quiere que sus hombres se conviertan en leones de oración. No debemos tener miedo de dejar que se escuchen nuestras voces. Algo poderoso ocurre cuando los hombres oran, pero algo aún más poderoso ocurre cuando los hombres entrar en el lugar del parto. Aunque los hombres nunca conocemos el dolor del parto, Dios nos da la oportunidad de hacer nacer cosas espirituales a través de gemidos de intercesión profunda.

Algunos hombres se atreven a escalar montañas o hacer safaris en África, pero pocos hombres se atreven a aventurarse en el desconocido territorio de la oración con trabajo de parto. Tal vez porque piensan que es cosa de mujeres, tienen miedo de ser llamados maricas. Mientras tanto, la tierra misma está gimiendo a la espera de que los hijos de Dios maduros oren con genuina autoridad y sincera emoción.

Después que Elías enfrentó con valentía a los profetas de Baal en el Monte Carmelo, la Biblia dice que el profeta subió a la cima de la montaña, se puso en cuclillas en el suelo y metió la cabeza entre las rodillas (1 Reyes 18:42). No se trataba de una oración común, sino que era lo más parecido al parto que Elías alguna vez experimentó. Sin embargo, no rehuyó la tarea. Gimió en ese lugar, mientras su criado fue a mirar el cielo siete veces. Finalmente apareció una "pequeña nube como la palma de la mano de un hombre" (v. 44), pero después el cielo se puso negro de nubes y volvió la lluvia, todo en respuesta a la convincente petición de un hombre.

La oración de Elías infundió temor en el corazón de Acab y Jezabel envió un último ataque. Al final, ambos enemigos fueron derrotados. Creo que vamos a ver resultados similares hoy cuando los hombres rompamos nuestras camisas de fuerza emocionales y empecemos a orar, a predicar y a amar a las personas como verdaderos hombres.

Oremos por esto

Padre, por favor, abre todos los canales obstruidos de mi corazón y libera mis emociones. Quiero llorar tus lágrimas. Perdóname si he sido complaciente, tibio, o pasivo en mi devoción espiritual. Quiero mostrar compasión protectora, celo santo y oración ferviente, en el nombre de Jesús, Amén.

¿Y no sabes que eres (cada una) una Eva? La sentencia de Dios sobre este sexo tuyo vive en esta era: la culpa debe necesariamente vivir también. Tú eres la puerta del diablo: tú eres el camino del árbol (prohibido): tú eres el primer desertor de la ley divina.[1]

—Tertuliano

No es apropiado que una mujer hable en la congregación, por admirable o santa que ella pueda ser, simplemente porque lo que dice viene de labios de mujer.[2]

—Orígenes

¿Alguna vez Dios envió a las mujeres a predicar? No, Dios no envió a ninguna mujer a predicar. Cualquier mujer que dice que Dios la envió a predicar es una mentirosa y está engañada por el diablo. Y todo aquel que cree que Dios envió a una mujer a predicar está engañado por el diablo.[3]

—Obispo V. Bush

Iglesia del Señor Jesucristo de la Fe Apostólica: "Las mujeres predicadoras son un 'cáncer' al cristianismo y no forman parte del Reino de Dios".[4]

—Predicador calvinista Aymon de Albatrus

UN HOMBRE NUNCA DEBE RECIBIR MINISTRACIÓN ESPIRITUAL DE UNA MUJER.

La prominente maestra de la Biblia Anne Graham Lotz inspira respeto. Es obvio cuando predica que es la hija del evangelista Billy Graham. Mucha gente cree que ella lleva el manto espiritual de su padre.

Pero en la década de 1980, Lotz no recibió el debido respeto cuando habló en una conferencia patrocinada por su denominación, la Convención Bautista del Sur. Cuando llegó el momento de que ella predicara, se acercó a la plataforma y abrió su Biblia. Entonces comenzó una fuerte conmoción en la parte delantera de la sala. Lotz miró hacia abajo para ver que varias hileras de hombres, todos vestidos con trajes oscuros, estaban dando vuelta rápidamente sus sillas.[5]

En pocos minutos se hizo evidente lo que estaba sucediendo. Estos hombres, todos pastores, le había dado la espalda a esta mujer para protestar por su inclusión en el programa de la conferencia. Estaban haciendo una declaración audaz, aunque también ruda. En su opinión, no es correcto que las mujeres enseñen la Biblia a los hombres, por lo que con su extravagante descortesía rehusaron estar de frente mientras ella hablaba. Ellos no se permitían a sí mismos oír la voz de esta predicadora, aunque fuera la hija de Billy Graham y aunque tuviera algo profundamente espiritual que decir, para ellos esto era tan peligroso como escuchar a las sirenas mitológicas, que atraían a la muerte a los marineros de la antigua Grecia en la rocosa costa mediterránea.

He oído hablar a Lotz en la Primera Iglesia Bautista de Orlando, Florida, hace unos años. El auditorio estaba repleto de ministros en su mayoría hombres y algunos con sus esposas. Su sermón, pronunciado con su marcado acento de Carolina del Norte, me hizo sentir bienvenido. Su estilo de entrega y la cadencia eran inquietantemente similares a los de su famoso padre, sin embargo, ella lo hace de modo totalmente femenino. Esa noche llamó a la gente de la congregación al arrepentimiento y a una relación más profunda con Cristo. Cuando el servicio terminó, estoy seguro de que la mayoría de la gente habría estado de acuerdo en que Lotz había predicado por encima del nivel de la mayoría de los hombres que había estado en ese mismo podio esa semana.

Yo me sentí agradecido de que no hubiera habido predicadores que realizaran una protesta afuera o se pusieran de pie en la reunión y volvieran sus sillas hacia atrás para protestar por el hecho de que una mujer estuviera hablando. Sin embargo, escuchar a Lotz me recordó que muchas mujeres que son dotadas oradoras, maestras y líderes espirituales no tienen un nombre famoso que les abra las puertas. Por causa de las tradiciones religiosas y la interpretación estrecha y errónea de la Escritura, muchos hombres han desarrollado la idea de que nunca pueden recibir nada espiritual de una mujer.

Necesitamos padres y madres

Todos sabemos que se necesitan un hombre y una mujer para crear un bebé. Y los consejeros de familia estarán de acuerdo en que los niños se desarrollan mejor en un hogar lleno de amor que tiene una madre y un padre. Aunque un progenitor solo puede encontrar ciertamente la gracia especial de Dios para guiar a su familia, el diseño original de Dios siempre ha sido una familia con ambos padres, que está guiada por un hombre y una mujer.

La mayoría de los cristianos conservadores concordarán de todo corazón con esta disposición, pero en sus iglesias frecuentemente se encuentra un fuerte sesgo contrario a las mujeres que tienen alguna influencia pública. Estas iglesias, al enfatizar dos pasajes de las Escrituras del Nuevo Testamento que aparecen en la superficie para limitar el ministerio de las mujeres (1 Timoteo 2:12 y 1 Corintios 14:34–35), echan por tierra las muchas otras escrituras que autorizan a las mujeres. Entonces construyen una doctrina rígida que prohíbe a las mujeres predicar el evangelio, liderar ministerios o enseñar en las iglesias.

Como resultado, se crea una dicotomía bastante extraña. Mientras alaban a las madres en lo natural, no dejan lugar para las madres espirituales en la iglesia. Honran a las madres por tener bebés y cumplir sus deberes de esposas, pero ignoran a las mujeres que están dotadas para traer almas al reino de Dios.

Siempre he encontrado extraño este concepto, porque Dios usó a las mujeres en mi vida desde muy temprana edad. He venido a la fe siendo niño, en parte por la influencia de maestras de Escuela Dominical. Cuando tenía dieciocho años, una mujer que enseñó a mi clase del domingo por la mañana en la universidad me llevó a una profunda experiencia cristiana. Cuando estaba en la universidad, escuché las enseñanzas grabadas de una mujer llamada Joy Dawson, una neocelandesa que ayudó a establecer Juventud Con Una Misión. Y cuando me casé y tuve mi familia, una predicadora pentecostal llamada Barbara James oró por mí, me animó y me abrió las puertas del ministerio. Ella se convirtió en una madre espiritual. La sigo atesorando en ese rol hasta hoy.

El libro de los Proverbios toca esta verdad fundamental. Salomón le dice a su hijo en Proverbios 1:8–9:

> Oye, hijo mío, la instrucción de tu padre, y no desprecies la dirección de tu madre; porque adorno de gracia serán a tu cabeza, y collares a tu cuello.

Observe cómo se alaba tanto la enseñanza del padre como la de la madre. Se comparan con una corona, que simboliza la victoria, así como adornos caros, lo que puede denotar un carácter piadoso. La formación de nuestros padres nos da forma, para bien o para mal. Si inculcan en nosotros a una edad temprana las virtudes cristianas y los valores morales, saldremos victoriosos en la vida como adultos, y usaremos los inapreciables ornamentos de oro de la honestidad, pureza, paciencia, integridad, fidelidad y compasión. No se pueden comprar adornos así, sólo se forjan a través de los fuegos de la disciplina.

El apóstol Pablo era muy consciente de la influencia piadosa que una madre cristiana puede tener sobre su hijo. Pablo le escribió a su querido discípulo Timoteo en 2 Timoteo 1:5:

> Trayendo a la memoria la fe no fingida que hay en ti, la cual habitó primero en tu abuela Loida, y en tu madre Eunice, y estoy seguro que en ti también.

Los estudiosos de la Biblia no saben mucho acerca de la crianza de Timoteo, pero suponen que su padre gentil no era cristiano. No sabemos si Timoteo se crió en una familia monoparental o si su padre le dio una influencia positiva. Lo que sí sabemos es que Pablo alabó la fe de su madre y de su abuela y les acredita haber guiado a Timoteo a Cristo. Y sabemos que Pablo cuidaba de Timoteo como si fuera su propio hijo (Filipenses 2:22). Al parecer, Pablo fue capaz de llenar cualquier vacío que Timoteo sufriera por la ausencia de un padre piadoso.

Me parece fascinante que Pablo alabe a Loida y Eunice por su aportación a la vida de Timoteo y que su encomio haya sido registrado en la Biblia. Él las elogia específicamente por inculcar la fe bíblica en el joven, que finalmente se convirtió en un líder apostólico de la iglesia primitiva. Muchos cristianos conservadores han supuesto que Pablo, porque una vez tomó medidas contra un grupo de mujeres de la iglesia de Éfeso y les prohibió enseñar, nunca permitió el acceso de las mujeres al púlpito. Sin embargo, si nos fijamos en las mujeres que servían con Pablo en el ministerio del evangelio, es obvio que él las autorizó y las invitó a ser parte de su equipo.

Vamos a considerar a las mujeres que son específicamente mencionadas en el Nuevo Testamento.

1. Priscila

Una experta maestra que había sido entrenada por el mismo Pablo, Priscila y su esposo, Aquila, viajaron por todo el mundo romano fortaleciendo a las iglesias recién establecidas. La Biblia menciona con frecuencia su nombre antes que el de Aquila, muy probablemente porque ella tenía un ministerio de enseñanza más visible. Algunos estudiosos creen que, como era romana, había tenido más acceso a la educación que las mujeres judías de Palestina.

En Hechos 18:18–21, vemos a Priscila y Aquila instruyendo a Apolos, hombre que más tarde se convirtió en un apóstol muy destacado de la iglesia primitiva. Apolos no acababa de entender el mensaje del evangelio, por lo que Priscila y su esposo pusieron a punto su teología y dieron nueva forma a su mensaje. Ella emerge como una de las verdaderas madres espirituales del periodo de la iglesia primitiva, y Pablo estaba orgulloso de considerarla entre sus "compañeros de trabajo" en Romanos 16:3 (NVI).

2. Febe

Febe es mencionada como diaconisa en Romanos 16:1–2. El pasaje dice: "Os recomiendo además nuestra hermana Febe, la cual es diaconisa *[diákonos]* de la iglesia en Cencrea" (v. 1, aclaración entre corchetes añadida). La palabra *diákonos* siempre se traduce "ministro" o "diácono" cuando se aplica a los hombres, pero la palabra es curiosamente traducida en este versículo como "sierva" en algunas versiones en inglés y en español. Esto podría deberse a que los traductores de la Biblia inyectan sus propios prejuicios en el texto. Simplemente supusieron que las mujeres no podían ser diáconos.

En Romanos 16:2, Pablo se refiere a Febe como *prostátis*, que puede ser traducido como "persona que dirige". El término definitivamente lleva consigo un significativo peso de autoridad, por lo que podemos concluir que Febe no estaba enseñando en una clase de estudio bíblico para mujeres o en una escuela bíblica de vacaciones para niños. Era una enviada apostólica de Pablo, y había sido enviada para llevar sus directivas. Pablo esperaba que la iglesia la escuchara. La biblista Catherine Kroeger observa que *prostátis* se utiliza frecuentemente en los escritos de los Padres de la Iglesia para referirse a una persona que preside la comunión.[6]

3. Ninfas

Ninfas es mencionada por Pablo en Colosenses 4:15. Pidió a los líderes de la iglesia de Colosas: "Saludad...a Ninfas y a la iglesia que está en su casa". Los tradicionalistas han argumentado que esta mujer era simplemente "hospedadora" de la reunión de la iglesia en tanto que los hombres llevaban a cabo todo el ministerio pastoral y de enseñanza, pero esto plantea la pregunta: ¿Por qué Pablo la mencionó a ella en vez de a los líderes de sexo masculino que supuestamente estaban a cargo? ¿Era sólo una dueña de casa, que preparaba té y galletas para Pablo y su equipo? ¿Pablo sólo era amable con Ninfas porque sabía cómo cocinar su comida favorita? Lo más probable es que ella hubiera sido designada para dirigir la iglesia que se reunía en su casa.

Sin embargo, si sugerimos que Ninfas era una pastora, iniciamos un debate divisivo, ya que algunos cristianos creen que la Biblia limita por completo este oficio a los hombres. Pero ¿lo hace? En Efesios 4:11, donde Pablo explica que Jesús dio a los pastores, maestros, evangelistas, apóstoles y profetas de la iglesia para edificación de ella, no pone normas sobre el género. La regla "no hay pastores mujeres"—tan común en muchas denominaciones de hoy—es una tradición religiosa, no un mandato bíblico.

4. Lidia

Una influyente mujer de negocios del primer siglo, Lidia, llegó a ser la primera persona europea que se convirtió al cristianismo. Como era rica y tenía conexiones políticas, lo más probable es que haya jugado un papel importante en asegurar la liberación de Pablo de los magistrados de Filipos. (En Hechos 16:40 leemos que después de salir de la cárcel, Pablo volvió a casa de Lidia y exigió un juicio.) Algunos estudiosos sugieren que la historia de Lidia está incluida en el libro de los Hechos porque finalmente ella pastoreó una iglesia en su casa y se convirtió en un miembro estratégico del equipo apostólico de Pablo mientras él impulsaba el evangelio hacia el oeste, pasando por Italia y todo el camino a España.

5. Junia

Junia era obviamente una respetada líder de la iglesia del Nuevo Testamento. Hasta el siglo XIII, nadie cuestionó el nombre de esta mujer mencionada en Romanos 16:7 (RV 1909). Junia era un nombre común para una mujer romana de ese tiempo. Sin embargo, más tarde traductores de la Biblia comenzaron a cambiar su nombre a una forma masculina, "Junias" o "Juniano," porque no podían aceptar la posibilidad de que Pablo mencionara a una mujer como apóstol. En realidad, él dice que ella es "insigne entre los apóstoles" (RV 1909).

Los manuscritos griegos originales listan su nombre correctamente, y no es necesario ajustar la ortografía para adaptarse a nuestro machismo. Pablo distingue a esta mujer a causa de su valentía apostólica y por el hecho de que ella sufrió por su fe en la cárcel junto a Pablo. No tenemos un registro de los logros de su ministerio, pero podemos suponer que ella participó en la predicación y en la plantación de iglesias.

Incluso el padre de la iglesia primitiva Juan Crisóstomo (A.D. 347–407), que no era simpatizante de las mujeres, reconoció que Junia tenía una posición destacada en la iglesia del Nuevo Testamento. En su comentario sobre Romanos escribió: "Ser apóstol es algo grande. Pero ser 'ensalzada' entre los apóstoles, ¡qué extraordinaria alabanza significa eso! ¡Oh, cuán grande es la devoción de esta mujer, para merecer ser contada con la denominación de apóstol!".[7]

6. Evodia y Síntique

Evodia y Síntique fueron dos mujeres ministros mencionadas por Pablo en Filipenses 4:2–3. Se refiere a ellas entre los "colaboradores" que "combatieron juntamente conmigo" (v. 3). Es posible que ellas hubieran sido encarceladas con él en una burda cárcel griega, o tal vez hubieran soportado un difícil viaje con Pablo por las aguas del mar Egeo. En cualquier caso, definitivamente no sólo eran miembros de la iglesia de Filipos. Ellas eran líderes, y tenían un desacuerdo profundo, tan grave que Pablo tenía que instarlas a que "se pongan de acuerdo en el Señor" (v. 2, NVI).

No sabemos por qué estas mujeres no se llevaban bien. Tal vez su desacuerdo fue sobre metodología o un punto de menor importancia de la doctrina, o tal vez permitieron que los celos o la ambición personal abrieran una brecha entre ellas. Nunca sabremos la causa de la tensión entre estas dos mujeres, pero sí sabemos que Pablo no las regaña por su género. Él no dice: "Díganles a esas mujeres que no tienen ninguna actividad en el ministerio. Las mujeres son demasiado insignificantes y emotivas para ser pastoras". Si Pablo no apoyara a las mujeres en tales roles, nunca las hubiera elogiado como compañeras de ministerio.

También debemos recordar que en la antigua alianza, aunque Dios limitó el sacerdocio hebreo a un grupo selecto de hombres que eran descendientes de Aarón, las mujeres emergieron como instrumentos poderosos en las manos divinas. Incluso en esa dispensación, Él eligió utilizar a las mujeres. Cuando Dios llamó a Abram para ser padre de la nación judía y cambió su nombre a Abraham, también llamó a su esposa y cambió su nombre de Sarai a Sara; ella se convirtió en una "madre de muchas naciones". Cuando llamó a Moisés para conducir al pueblo de Israel por el desierto, también llamó a su hermana, Miriam, a una posición de liderazgo (Miqueas 6:4).

La profeta Débora fue la única responsable de reunir a las tribus de Israel para combatir voluntariamente contra los cananeos (Jueces 4), y su valentía estimuló al ejército de Israel a una victoria impresionante, sobrenatural. A continuación, una joven judía llamada Jael puso un signo de exclamación en la historia eliminando a Sísara, el líder prófugo del ejército cananeo. Cuando él llegó a la tienda de Jael en busca de asilo, ella lo puso a dormir y luego le clavó una estaca en el cráneo con un martillo. La Biblia deja en claro que la valentía de Débora y la astucia de Jael fueron estratégicas para garantizar el triunfo militar de Israel. Las mujeres recibieron el crédito debido, incluso en una cultura masculina dominante.

Ana fue otra madre espiritual influyente durante los tiempos del Antiguo Testamento. Aunque era estéril, le pidió a Dios un hijo que pudiera llegar a ser profeta. Ella estaba preocupada por el bienestar de su nación, y quería un verdadero profeta para enfrentar la corrupción y la maldad en Israel. Cuando fue al templo a orar, Elí, el sacerdote a cargo, la ridiculizó por orar con tanta pasión. Él no tenía ni idea de lo que Dios estaba haciendo en Ana, pero Dios escuchó su oración. Su carga fue recompensada cuando Dios le dio el hijo prometido, Samuel, que terminó confrontando a Elí y a los hijos descarriados que él había puesto al frente de la casa de Dios. Y al final, la oración de victoria de Ana pasó a formar parte de la Biblia.

Otra madre espiritual venerada en el Antiguo Testamento es la profeta Hulda, que vivió en la época de Jeremías y brindó consejo al rey Josías. En la época en que ella dirigió un pequeño seminario en Jerusalén, la mayoría de los hijos de Israel se había apartado de Dios y se había vuelto a los ídolos extranjeros. Poca gente recordaba la Ley de Dios ya que, de hecho, las copias de los rollos del Antiguo Testamento habían sido empacadas en un armario de almacenamiento del templo. Cuando algunos de los enviados del rey Josías tropezaron con una copia del Libro de Deuteronomio y leyeron acerca de los inminentes juicios de Dios, el rey les pidió que encontraran en la ciudad a alguien que entendiera las cosas espirituales.

Un sacerdote llamado Hilcías los dirigió a Hulda. Ella debe haber sido la persona más espiritual de Jerusalén en la época y la más consciente de la verdadera condición de la nación. No sabemos mucho acerca de Hulda, salvo que era la encargada del vestuario sacerdotal (2 Reyes 22:14). Probablemente no fuera una mujer rica. Los verdaderos profetas de Dios frecuentemente surgen de la oscuridad y desaparecen con igual rapidez.

Pero sí sabemos que Hulda conocía a Dios. Mientras que el resto de la nación había vuelto a los ídolos, ella se había mantenido pura. Mientras que el resto de la nación se había olvidado de la Palabra de Dios, ella la seguía estudiando. El libro olvidado no le era desconocido. Como cualquier verdadera madre, era protectora de Israel, pero no tenía miedo de reprender a la nación por su rebeldía. Cuando el representante del rey Josías vino a buscar su dirección espiritual, no le ofreció halagos. Ella le declaró con autoridad este mensaje profético de Dios:

> Por cuanto me dejaron a mí, y quemaron incienso a dioses ajenos, provocándome a ira con toda la obra de sus manos; mi ira se ha encendido contra este lugar, y no se apagará.
>
> —2 Reyes 22:17

Dios bendijo a Hulda y la usó poderosamente para hablar con el rey de la nación y los líderes religiosos de su tiempo. También sacó de la oscuridad total a mujeres como Rut y Ester, y premió su fidelidad; ¡estas dos mujeres incluso tienen en la Biblia libros con sus nombres! Y esto fue durante el período del antiguo pacto, antes de que Cristo marcara el comienzo de un nuevo día de libertad para las mujeres.

Nosotros como hombres debemos reconocer que Dios no sólo utiliza a las mujeres de manera excepcional, sino que también podemos beneficiarnos personalmente de sus ministerios. Algunos hombres son de corazón duro como Elí, que se burló de las justas oraciones de Ana y la llamó borracha. Estos hombres creen que son espiritualmente superiores a las mujeres. Como los irrespetuosos predicadores que le dieron la espalda a la hija de Billy Graham, ellos no quieren escuchar predicar a las mujeres porque piensan que no tienen nada valioso que decir.

Otros hombres son como el guerrero Barac, que vivió en la época de la profeta Débora. Ella llamó a Barac para que convocara un ejército y fuera contra el enemigo, y él aceptó con una condición: le dijo que no iría a menos que Débora fuese con él al campo de batalla (Jueces 4:8). Barac no dijo eso porque fuera un debilucho nene de mamá. Estoy seguro de que era un soldado fuerte dotado de muchas destrezas militares. Pero reconoció que Débora había sido nombrada profeta de Dios para ese tiempo, y sabía que Israel no iba a ganar la batalla a menos que ella estuviera allí para comandar la victoria en el ámbito espiritual.

Barac no era un cobarde. Su petición de tener cerca a Débora no fue un signo de debilidad. De hecho, él está listado en el libro de Hebreos como un verdadero héroe de la fe (Hebreos 11:32). Pero se dio cuenta de que los músculos, las espadas y carros por sí solos no podían ganar esta batalla. Su confianza tenía que estar sólo en Dios. Y Débora le ayudó a reunir la suficiente fe para creer.

No sé ustedes, pero yo necesito mujeres como ésa en mi vida (es por eso que estoy tan bendecido de que el nombre de mi esposa sea Deborah). No soy tan orgulloso como para no escuchar a una mujer de Dios, que me trajo sabio consejo del Espíritu Santo; en realidad, busco el consejo de mi esposa y de mis madres espirituales (así como de mis padres espirituales). Muchos hombres cristianos cometen errores tontos porque no escuchan a sus esposas cuando ellas perciben el peligro a la vuelta de la esquina. Y muchos hombres cristianos pierden grandes bendiciones porque son demasiado orgullosos para escuchar a mujeres piadosas que les llevan un mensaje del Señor. Le ruego que usted no cometa el mismo error.

Hablemos de esto

1. ¿Cree usted que la Biblia limita las maneras en que las mujeres pueden ministrar? Si estuviera en un servicio con una mujer predicadora, ¿le daría la espalda como los hombres que protestaron por la hija de Billy Graham? ¿Cómo respondería usted?
2. Pablo alabó a la abuela y a la madre de Timoteo, Loida y Eunice, por inculcar la fe en el joven. ¿Tiene usted algunas madres espirituales? ¿Cómo lo influyen positivamente?
3. Nombre a algunas mujeres del Nuevo Testamento que trabajaron junto a Pablo en el ministerio. ¿Cómo trató Pablo a esas mujeres?
4. Barac escuchó a la profeta Débora y fue bendecido con una victoria sobrenatural en el campo de batalla. ¿Puede pensar usted en una oportunidad en que se benefició de los consejos de una mujer piadosa?

¿Qué de las restricciones de Pablo respecto a la mujer?

Sé que muchos líderes cristianos pueden ofrecer rápidamente los nombres de las madres espirituales que o los condujeron a Cristo o desempeñaron un papel importante en su formación espiritual. La influencia de estas mujeres no hizo a estos hombres unos mariquitas o ni bajó sus niveles de testosterona. Usted no renuncia a su masculinidad cuando escucha a una mujer piadosa. ¡Lo más probable es que se convierta en un mejor hombre!

Hudson Taylor, un valiente misionero pionero que ayudó a abrir China al evangelio a mediados del siglo XIX, dijo que su madre y su hermana lo llevaron al punto de conversión. Billy Graham, uno de los más grandes evangelistas de todos los tiempos, y Bill Bright, fundador del movimiento Cruzada Estudiantil y Profesional para Cristo, fueron fuertemente influidos como adolescentes por la fiel maestra presbiteriana de la Biblia, Henrietta Mears, quien dirigió conferencias de capacitación para jóvenes en California en la década de 1940.

La primera vez que visité Nigeria en 2001, me entrevisté con el obispo David Oyedepo, cuya iglesia pentecostal cerca de Lagos, Winner's Chapel (Capilla del ganador), era por entonces el mayor edificio de iglesia, con cincuenta mil asientos. Cuando le pedí conocer su testimonio, me compartió con orgullo que una mujer blanca, misionera de la organización Scripture Union, lo guió a Jesús. (Estoy seguro de que esa mujer no llegó a ver cómo su joven converso transformaba Nigeria.)

He oído esta historia con frecuencia. A pesar de los obstáculos del orgullo masculino y la rancia tradición religiosa, Dios ha estado usando a sus mujeres, estratégicamente colocadas, para ganar hombres para Cristo, discipularlos, enseñarles, aconsejarlos e inspirarlos.

Pero hay un problema. ¿Qué hacemos con las instrucciones de Pablo en 1 Timoteo 2:12, en el que dicta una estricta política respecto a las mujeres? Si leemos este pasaje aisladamente, sin compararlo con otros, parece contradecir lo que la Biblia dice en otras partes. El pasaje dice así en la versión Reina Valera 1960:

> Porque no permito a la mujer enseñar, ni ejercer dominio sobre el hombre, sino estar en silencio.

Se trata en realidad de un curioso pasaje, que ha desconcertado a muchos estudiosos de la Biblia. Es confuso por varias razones:

- Esto parece contradecir la forma en que las mujeres han sido utilizadas para hablar en nombre de Dios en el Antiguo Testamento (como en el caso de Débora y Hulda, por ejemplo).
- No parece encajar en la práctica de Pablo, ya que había mujeres maestras (como Priscila) en su equipo ministerial.

En 1 Corintios 11:5, Pablo anima a las mujeres a orar y profetizar en público en la reunión de la iglesia local, e invita a la participación igualitaria de todos los creyentes cristianos en el ejercicio de los dones espirituales, tales como la profecía y la palabra de ciencia (1 Corintios 12:7–11).

Entonces, ¿qué está diciendo Pablo en el pasaje de 1 Timoteo? Si lo tomamos al pie de la letra en vez de compararlo con otros pasajes, podríamos concluir que las mujeres no pueden enseñar a ninguna persona, incluso niños pequeños. Algunas denominaciones cristianas que limitan a las mujeres usan este versículo para restringir cualquier "forma de hablar autoritativa" que venga de mujeres.

Si éste fuera el caso, ciertamente descartaría la profecía de Hulda al rey Josías. Y también cerraría el ministerio público de Débora, ya que fue por todas las tribus de Israel y las llamó a la batalla. Y ¿qué pasa con las palabras de Débora que se incluyen en el canon de la Escritura en Jueces 4? ¿No son "autoritativas" sus palabras proféticas? Los tradicionalistas que creen que Pablo nunca permitió que una mujer hablara o tuviera una posición de autoridad en una iglesia se ven obligados a forzar estos pasajes de la Escritura. Es por eso que rara vez se escucha a una de estas personas predicar un sermón sobre Débora o Hulda.

Pero, ¿qué hacemos con las palabras de Pablo a Timoteo? Éstas son dos explicaciones posibles de por qué él tuvo que "reprimir" a estas mujeres.

Posible escenario Nº 1:
Las mujeres de Éfeso necesitaban más instrucción.

Pablo en realidad precede su advertencia de 1 Timoteo 2:12, con la instrucción del versículo 11:

> La mujer aprenda en silencio con toda sujeción.

Probablemente hoy eso suene sexista, pero recordemos que en la cultura del Asia Menor del primer siglo, a la mujer se le había negado toda educación. Excepto algunas romanas ricas, en Oriente Medio las mujeres fueron aisladas en el hogar y se las mantuvo alejadas de los libros y el aprendizaje. El analfabetismo era la norma entre las mujeres. Lo único que los hombres querían de ellas era que aprendieran a cocinar, se ocuparan de los animales de granja y criaran a sus hijos.

Los rabinos de este tiempo, de hecho, creían que era una blasfemia enseñar la Torá a una mujer. Jesús, por supuesto, contradijo esta opinión, invitando a sus seguidoras a sentarse a sus pies y aprender de Él. Y aquí en 1 Timoteo, Pablo adopta el enfoque de Jesús, alentando a las mujeres a aprender. Pero les dice que lo hagan de la manera adecuada: no como "sabelotodos", sino con un espíritu enseñable.

Es posible que las mujeres recién convertidas de Éfeso se estuvieran extralimitando y trataran de enseñar el Evangelio sin haberlo aprendido antes. Todos sabemos que eso sería desastroso. Si ese espíritu de niña hubiera seguido, Pablo tendría que haberse puesto de pie y decir: "Es suficiente. A las mujeres no se les permite enseñar hasta que sepan de qué están hablando".

Note que Pablo también menciona el engaño de Eva en el Jardín del Edén. Tal vez les está recordando a estas mujeres equivocadas de Éfeso que tienen mucho que aprender de Eva. Como actuó con independencia de Adán al escuchar a la serpiente, su fracaso provocó una crisis. Eva no estaba preparada para ser una maestra, pero actuó como si lo fuera.

Resta la pregunta: ¿Estaba Pablo estableciendo una regla permanente para todos los tiempos que prohíbe a todas las mujeres la enseñanza y el ejercicio de la autoridad divina? ¿O estaba haciendo una corrección que sólo se aplica a esta situación? Como sabemos que Pablo ha autorizado a otras mujeres como Priscila para enseñar la Biblia, debemos concluir que sus palabras fueron para corregir esa situación. Después de todo, si Pablo llama a las mujeres de Éfeso a aprender "con toda sujeción" la Palabra de Dios, seguramente espera que se conviertan en discípulas maduras que con el tiempo sean capaces de enseñar a otros, después de haber recibido la formación suficiente.

Posible escenario Nº 2:
La iglesia de Éfeso fue perturbada por falsos maestros y algunos de ellos eran mujeres.

Éfeso era la sede del paganismo y fue invadida por la idolatría y herejías de todas las variedades imaginables. Era una ciudad llena de cultos, de sectas gnósticas y extrañas prácticas sexuales. La arqueología ha demostrado que se trataba de una sede principal del culto de Artemisa, una religión mística que incluía participar en la adoración a la luna y en prostitución ritual. Timoteo tenía una tarea muy difícil cuando fue enviado a plantar una iglesia en esta ciudad impía.

Una teoría sobre 1 Timoteo 2:11–14 sugiere que los falsos maestros se habían infiltrado en la iglesia recién nacida de Éfeso y fueron desviando a la gente con mitos y las falsas enseñanzas. Les enseñaban nociones tales como (1) las mujeres son superiores a los hombres, (2) Eva fue creada antes que Adán y fue una especie de "diosa madre", (3) no es necesario que las mujeres se casen para tener hijos, y (4) Eva en realidad "liberó" al mundo del poder de Dios cuando escuchó a la serpiente en el Jardín del Edén. (Se parece mucho a la variedad moderna del feminismo militante.) Estos falsos maestros estaban poniendo la Biblia cabeza abajo y torcían la verdad.

Esto explicaría por qué Pablo entró en escena y puso fin a esta locura. Tomó medidas drásticas contra las falsas doctrinas y prohibió a estas mujeres enseñar sus herejías. También puso las cosas en claro acerca de Eva al explicar que Adán fue creado primero y que la mujer cayó en el engaño cuando escuchó a la serpiente. Pablo dice en 1 Timoteo 2:13–14:

> Porque Adán fue formado primero, después Eva; y Adán no fue engañado, sino que la mujer, siendo engañada, incurrió en trasgresión.

También debemos señalar que 1 Timoteo 2:12 no dice que las mujeres no pueden tener autoridad (aunque algunas versiones de la Biblia lo traducen de esta manera). La versión King James dice que las mujeres no están para "usurpar" la autoridad. La palabra griega para "usurpar" es *ausendtéo*, y sólo se utiliza una vez en el Nuevo Testamento, lo que nos lleva a creer que tiene una definición muy estrecha. Es una palabra muy violenta que significa "dominar" o incluso "matar". Esto implica un intento de derrocar la autoridad establecida. Incluso se puede referir a la castración ritual.[8]

Todo lo que estaba pasando en Éfeso, podemos estar seguros de que cabe en la categoría de blasfemia. Las enseñanzas de estas mujeres contradecían la Biblia, torcían el orden de la creación, y redefinían y trastocaban los roles tradicionales de sexo, un objetivo evidente de los adoradores de Artemisa, que promueve la perversión sexual. Ciertamente, no debemos permitir que estas falsas doctrinas se proclamen hoy desde nuestros púlpitos.

Sin embargo, no podemos usar el pasaje de 1 Timoteo 2:12 para sugerir que mujeres preparadas, capacitadas con el poder del Espíritu, no pueden enseñar las Escrituras con autoridad. Tampoco podemos decir que las mujeres que han sido agraciadas por el Espíritu con dones de liderazgo, unción pastoral, o capacidad para enseñar deben limitar su enseñanza solamente a las mujeres. Los hombres que reciban instrucción de estas mujeres no serán castrados, por el contrario, crecerán más fuertes en Cristo.

Creo que es hora de que los devotos líderes varones de la iglesia lleguen a estar lo suficientemente seguros de su hombría para dar una plataforma a estas mujeres.

Hablemos de esto

1. La cuestión de las mujeres líderes parece muy divisiva. ¿Por qué cree que es así?
2. Lea 1 Timoteo 2:11–15. ¿Cómo ha interpretado usted este versículo en el pasado?
3. Algunos estudiosos creen que a las mujeres de Éfeso se les había negado la educación y no estaban en condiciones de convertirse en maestras. ¿Cree que ésta es una interpretación posible?
4. Otros investigadores creen que algunas falsas maestras se habían infiltrado en la iglesia de Éfeso. ¿Cómo manejaría esa situación si estuviera en los zapatos de Pablo?
5. ¿Cómo se debe tratar a las mujeres que han sido ungidas por Dios y capacitadas para estar en el ministerio?

Oremos por esto

Padre, gracias por las mujeres piadosas que has puesto en mi vida. Perdóname si alguna vez he criticado a una mujer de Dios que fue llamada por ti, sólo por ser mujer. Perdóname por tener una actitud machista hacia mis hermanas en Cristo. Dame la actitud del apóstol Pablo, quien elogió a las mujeres de su equipo. Dame el corazón de Jesús, que envió a sus seguidoras para que fueran las primeras testigos de su resurrección. ¡Hazme un campeón por la causa las mujeres! Amén.

EL VIAJE DE DEBILUCHO A GUERRERO

Como muchos típicos hombres que van a la iglesia, Ben me confesó que le cuesta su relación con Dios. Trata de mantener una vida de oración constante, pero con demasiada frecuencia sigue durmiendo cuando suena la alarma de su reloj y acaba teniendo sus devociones matutinas durante su apresurado viaje al trabajo. En un tiempo se puso la meta de estudiar la Biblia, pero se quedaba dormido mientras leía porque estaba muy cansado después de un largo día en la oficina.

Luego estaba el persistente problema de la lujuria. Ben una vez le confesó a un amigo de la iglesia que a menudo veía la pornografía en línea. Lo que no admitía era que se entretenía habitualmente con fantasías sexuales y que sus pensamientos impuros le provocaban continua culpabilidad. Como resultado de su vergüenza es frecuente que oculte sus sentimientos a su esposa, lo que está causando una incómoda frialdad en su matrimonio.

¿Le suena familiar? Si el aprieto de Ben no es el suyo, estoy seguro de que usted sabe de algunos hombres que tienen problemas similares. Como he dicho en varias iglesias de todo Estados Unidos, durante los últimos años he conocido a cientos de individuos como Ben. Son hombres que quieren agradar a Dios, pero que sienten que se han hundido demasiado profundamente en sus propios fracasos para recuperar su espiritualidad perdida.

Muchos hombres viven su vida cristiana en la proverbial jaula del hámster, corriendo en una rueda y sin ir a ninguna parte. Están convencidos de que Dios debe estar dispuesto a renunciar a ellos, si no lo ha hecho ya. Como su visión de Dios está así distorsionada, se alejan de su misericordia en lugar de ir tras Él.

Como resultado, un gran porcentaje de hombres de Dios están espiritualmente debilitados. Se han descalificado a sí mismos. La vergüenza que cuelga de sus cuellos se hace más pesada cada día, por lo que finalmente quedan inmovilizados. Y justo así es como el diablo los quiere tener.

En los últimos años algunas voces fuertes han estado llamando a los cristianos, haciéndoles señas para que salgan de esta posición de derrota. La organización Promise Keepers surgió en la década de 1990, desafiando a los hombres a arrastrarse fuera del pozo del incumplimiento mediante la renovación de sus compromisos espirituales y reconociendo su necesidad de responsabilidad moral. Unos años más tarde, el autor John Eldredge nos desafió a reclamar nuestra masculinidad latente para aprender a tener un "corazón salvaje", el título de su ahora popular libro.

Dalbey Gordon, autor de *Healing the Masculine Soul* (Sanidad del alma masculina), realizó un original trabajo sobre la cuestión de por qué los hombres luchamos tanto para obtener relevancia y aprobación. Y el autor Steve Arteaga insta a los cristianos a luchar contra sus adicciones sexuales enfrentando lo que acertadamente denomina *Every Man's Battle* (La batalla de cada hombre).

Estoy de acuerdo con Promise Keepers, Eldredge, Dalbey y Arteaga en que los cristianos debemos salir de este pozo y mantenernos inflexibles con nuestro pecado. Pero también sé que muchos hombres que se pararon en los altares de las concentraciones de Promise Keepers y se comprometieron a andar en fidelidad a Dios ahora están luchando de nuevo. Un hombre puede intentar todo lo posible para convertirse en un "corazón salvaje", pero eso no garantiza que su recargada masculinidad se vaya a traducir en una victoria espiritual mensurable.

Francamente, creo que es extraño que nosotros, como hombres cristianos, vayamos a cazar a Colorado, a pescar con mosca en Vermont, o a montar a caballo en Dakota del Norte con el fin de recuperar el perdido sentido masculino de aventura. Aunque apoyo los esfuerzos para lograr que los hombres estén libres de la lujuria, no creo que la batalla se pueda ganar con sólo hablar sobre el problema o contando las veces que usted se masturbó en la última semana.

Nos estamos perdiendo algo: Jesús ya nos comisionó para la mayor aventura y la mayor batalla de todos los tiempos. Nos llamó para llegar a todas las naciones con el evangelio. Nos llamó para compartir a Cristo con otros. Nos llamó para reclamar territorio espiritual para él. ¡Ésa es verdaderamente "la batalla de cada hombre"! Es alistándonos en la batalla—y determinándonos a ser usados por Dios en la vida de otros—como rompemos este ciclo de derrota espiritual.

El reto de ministrar a un mundo perdido debería ser suficiente para convertirnos en corazones salvajes. Después que haya llevado a alguien al Señor, ayudado a un hombre a superar un problema que controlaba su vida, o alimentar a personas que padecen hambre en un país en desarrollo, sencillamente no le quedará tiempo para enredarse en sus insignificantes problemitas.

El llamado a la guerra

Yo tenía dieciocho años cuando le entregué mi vida a Cristo y le pedí a Jesús que me llenara del Espíritu Santo. A los pocos días experimenté lo que he comprendido que fue una visión sobrenatural. En ese momento, simplemente pensé que eran algunos pensamientos en vívido tecnicolor.

En esta visión yo montaba en un caballo, y Jesús iba montando el suyo delante de mí. Los dos estábamos vestidos con armaduras primitivas, con espadas, escudos y cascos de bronce. Estábamos cruzando lo que parecía haber sido un campo de batalla, y tuve la sensación de que estaba sirviendo a Jesús como aprendiz de guerrero.

Cuando llegamos a nuestro campamento, Jesús desenvolvió un mapa de cuero y comenzó a apuntar hacia varios lugares como explicando la estrategia de la batalla de mañana. Recuerdo que en ese momento pensé: "¡Esto es increíble! Realmente puedo llegar a estar con Jesús en la batalla". Estar cerca de Él fue la parte más emocionante de toda la visión.

Eso fue varios años antes de que leyera algún libro sobre guerra espiritual o llegara a entender que a los cristianos se les ha dado autoridad en el conflicto cósmico con las fuerzas del infierno. Sin embargo, esta visión marcó mi vida inmediatamente. Sabía desde ese momento que había sido llamado por Dios a participar en esta guerra y que Jesús me guiaría en cada paso del camino.

Mis primeras batallas espirituales se libraron en la universidad, cuando formaba parte de una pastoral universitaria que se dedicó decididamente a ganar estudiantes para el Señor. En aquellos días aprendí que no hay nada más emocionante que ver a alguien entregar su corazón a Cristo. Más tarde, después de comenzar una carrera en el periodismo, he tratado de mantenerme activo en el ministerio laico, ya sea liderando un grupo hogareño en mi iglesia, discipulando a los chicos más jóvenes, o simplemente compartiendo mi fe con quienes no conocen a Dios.

En años más recientes, el Señor me retó a dejar mi zona de comodidad y empezar a hablar en iglesias y conferencias. Al principio traté de utilizar todas las excusas imaginables para evitar el llamado de Dios, tales como: "Señor, yo no soy el hombre adecuado para esta tarea. Tú sabes que no puedo predicar lo suficientemente bien. Sabes que no debo viajar lejos de mi familia. Bla, bla, bla".

Al final, me rendí. Primero empecé a hacer viajes de fin de semana dentro de los Estados Unidos. Luego se abrieron puertas en el extranjero. De 2001 a 2009 he predicado en veinticuatro países. Hoy en día la emoción de ver cómo la vida de la gente cambia repentinamente me mantiene despierto por la noche.

Mis viajes me han llevado a todos los continentes excepto la Antártida. Dios me ha abierto puertas para hablar a evangelistas clandestinos chinos, a mujeres abusadas en Bolivia, a multitudes en Ucrania, y a un grupo de ocho mil pastores nigerianos. Y cuanto más avanzo hacia lo desconocido y dejo que Dios que me utilice, más apasionado me vuelvo de la Gran Comisión. Ahora estoy soñando con las puertas que me abrirá en el Medio Oriente.

Me parece que nunca llego a tener suficiente aventura, a pesar de que los viajes internacionales son tediosos y caros. Mientras que antes decía: "Yo no, Señor", ahora digo: "Aquí estoy, Señor. ¡Envíame a mí!"

Debemos adoptar este tipo de mentalidad para caminar en victoria personal. Algunas personas pueden sentirse tentadas a pensar que yo puedo predicar por todo el mundo porque tengo todo resuelto. ¡Falso! Podría dar una larga lista de miedos, tentaciones y debilidades con las que lucho. En realidad estoy plagado de inseguridades. Pero he aprendido a verme a mí mismo como un guerrero y no como el cobarde que antes era. Cuando me veo a la luz de lo que la Biblia dice de mí, me catapulto a un nuevo reino de victoria sobre el pecado.

Eso no quiere decir que nunca tropiece. Cada vez que me siento abrumado por la tentación le confieso mis faltas a un amigo de confianza. La rendición de cuentas santa es un arma poderosa en la batalla por la santidad personal.

Pero he aprendido que toda la responsabilidad del mundo no le va a dar resultado si usted no ha adoptado una mentalidad de servicio. Usted no puede ganar esta batalla quedándose al margen (o sentado en un banco de la iglesia). Es sólo metiéndose en las trincheras con otros guerreros como encontrará un verdadero avance.

En los últimos años he recogido inspiración profunda de algunos hombres de Biblia que fueron guerreros santos. Esos hombres me entusiasman, porque sé que sus vidas fueron diseñadas por Dios para que sean modelos para nosotros.

1. Josué, un hombre tímido que llegó a ser valiente

Josué era muy probablemente un tipo tímido, porque Dios lo desafió con frecuencia a ser "fuerte y valiente" (Josué 1:6–7, 9). Dios dijo esto tres veces cuando llamó a Josué para dirigir el ejército de Israel. Pero después de tener un encuentro con el "comandante del ejército del Señor" (Josué 5:13–15, NVI), Josué dirigió al pueblo de Dios a través de batallas sin fin. De hecho, nunca dejó de luchar, ni siquiera en su vejez.

Josué me recuerda que no puedo luchar en mi propia fuerza, pero si escucho al Señor y estoy cerca de su corazón, voy a ser capaz de expulsar a los demonios de sus escondites y reclamar sus territorios para el reino de Dios. Si usted no tiene una mentalidad de guerrero, quizás es porque no se ha encontrado con Jesús como su poderoso Comandante.

2. Gedeón, un hombre inseguro que se convirtió en un comandante

Gedeón tenía un grave complejo de inferioridad. Cuando el ángel del Señor se le acercó y le dijo: "¡El SEÑOR está contigo, valiente guerrero!" (Jueces 6:12, LBLA), su respuesta fue, básicamente, "¿Quién, yo?". Por entonces Gedeón estaba en condición de derrotado. Había ido a trillar el grano en un agujero en el suelo para que el enemigo no pudiera atacarlo. Estaba en una postura totalmente defensiva y se sintió abrumado. Era el último tipo que cualquiera de nosotros hubiera elegido para un equipo ganador.

Pero después de que Gedeón se encontró con el fuego de Dios en el altar del sacrificio, se transformó en otro hombre. Irrumpió en la casa de su padre, derribó los ídolos de Baal y Asera y luego se plantó ante sus familiares que lo amenazaron de muerte. Luego dirigió una banda de escasos trescientos hombres para derrocar a los enemigos de Israel. ¡Dios puede convertir a cobardes en guerreros!

3. David, el apasionado matagigantes

La vida de David está llena de lecciones para nosotros los hombres. Su valor ante Goliat nos recuerda que nosotros también estamos llamados a atacar gigantes demoníacos, incluso cuando otros cristianos parezcan intimidarse ante la perspectiva de un conflicto. La vida de David me da valor frente a cualquier falsa religión o fuerza espiritual que priva a la gente de conocer la verdad del evangelio.

Los fracasos de David también nos brindan algunas ideas importantes. La razón por la que cayó en adulterio con Betsabé fue porque había abandonado el campo de batalla y estaba sentado en su terraza, mientras que todos los demás soldados estaban peleando. Si hubiera estado donde se suponía que estuviera en lugar de abdicar de su responsabilidad, no habría visto a Betsabé quitarse la ropa. Y se habría evitado el garrafal error ético y moral de su vida.

¿Cree que Dios puede hacer de usted un matagigantes? Su futuro no está determinado por su condición actual. Usted puede sentirse tímido como Josué, o estar lidiando con un complejo de inferioridad como Gedeón. O quizás sabe que está llamado por Dios, pero se encuentra fuera de posición como David. Dios puede hacerlo un guerrero, aunque usted ahora se sienta como un pelele. Sólo debe permitir que Él lo lleve a través de su proceso. A continuación, debe dejar su zona de confort y entrar al ámbito de la aventura espiritual que Él tiene para usted.

Si realmente quiere convertirse en un guerrero espiritual, debe darse cuenta de que no lo puede hacer en su propia fuerza. Jesús nunca tuvo la intención de que sus seguidores hicieran la obra del ministerio por sí mismos. Él nos proporcionó un medio de capacitación sobrenatural. En el relato de Gedeón, leemos que vio surgir fuego de Dios después de dar una ofrenda al ángel del Señor (Jueces 6:21).

Muchas personas de la Biblia tuvieron encuentros similares con el fuego de Dios. Moisés oyó a Dios que le hablaba desde una zarza ardiente. Abraham vio una antorcha encendida que pasaba a través del sacrificio que había presentado. Cuando Isaías fue llamado a ser profeta, un ángel le tocó los labios con un carbón encendido del altar de Dios. Después de ser llamado, Jeremías sentía un fuego espiritual en sus huesos. Cuando Ezequiel vio una visión del cielo, vio antorchas y relámpagos fulgurantes.

En la Escritura, el fuego es a menudo un símbolo del Espíritu Santo. Cuando Jesús estaba a punto de ascender al cielo, les dijo a sus seguidores que esperasen en Jerusalén por el poder del Espíritu Santo. Varias semanas más tarde, en el Día de Pentecostés, el fuego cayó sobre los 120 discípulos que habían estado orando juntos en un piso alto. La Biblia dice que todos fueron llenos del Espíritu Santo. Esta experiencia les cambió para siempre y encendió una unción sobrenatural que dio a la Iglesia primitiva la capacidad de predicar con audacia y de realizar milagros.

Si desea aceptar todo lo que Dios tiene para usted y ser su guerrero, usted necesita esta experiencia. No podrá ser un guerrero eficaz simplemente memorizando las Escrituras, asistiendo a la iglesia, y leyendo su Biblia, a pesar de que esas cosas son esenciales. Usted debe tener un encuentro personal con el fuego de Dios. Usted debe poner su vida en el altar en una entrega total y pedirle que lo llene totalmente.

Mi amigo, usted puede cambiar su debilidad por la fuerza de Él. Deje que Él lo revista con su capacidad. ¡Él lo hará el hombre de Dios que usted nunca podría llegar a ser por su propia cuenta!

Hablemos de esto

1. ¿Cómo describiría su condición espiritual de hoy: (1) debilucho, (2) guerrero, o (3) en algún punto intermedio? ¿Por qué?
2. ¿Hay algún área de su vida personal o problemas de su pasado que sienta que lo han inhabilitado para ser usado por Dios de una manera significativa? Hable de ello.
3. Si el miedo y la duda no obstaculizaran su camino, ¿cómo podría usted entrar en áreas mayores de servicio a otros?
4. ¿Ha sido bautizado con el Espíritu Santo? Si no, ¿está dispuesto a hacer esta oración y pedirle a Dios que lo llene con su poder sobrenatural? En el siguiente apéndice puede encontrar algunas directrices claras para ayudarlo a dar este importante paso en su camino espiritual.

Oremos por esto

Padre, sé que tú me has llamado a una batalla espiritual. Por favor, hazme un verdadero guerrero. Perdóname por haber permitido que los temores, las dudas, la lujuria, el orgullo o la vergüenza me impidieran cumplir mi ministerio a otros. Capacítame, por tu maravillosa gracia, para superar mis debilidades, para que pueda compartir el amor de Jesús con otros. Lléname de tu fuerza para que mi vida puede ser una verdadera aventura. Amén.

APÉNDICE

EL SECRETO DEL PODER ESPIRITUAL PARA CADA HOMBRE

¿Alguna vez ha querido ser realmente un "aventurero" de Dios? Ése ha sido siempre mi deseo. No quiero vivir una vida mediocre. Y he aprendido que el secreto para convertirse en una potencia espiritual es recibir el bautismo del Espíritu Santo.

Cientos de años antes de que el Espíritu Santo fuera derramado sobre la iglesia primitiva en el Día de Pentecostés, un profeta del Antiguo Testamento, Ezequiel, recién ungido como sacerdote, tuvo un anticipo gratuito de cómo Dios enviaría el Espíritu Santo para capacitar a su pueblo. El anticipo vino en forma de una visión en tecnicolor que incluyó un viento tormentoso, una nube que brillaban con fuego, relámpagos, y extraños querubines de cuatro caras que fueron fortalecidos por la energía de Dios.

Ezequiel escribió de estas criaturas celestiales: "Estos seres vivientes parecían carbones encendidos, o antorchas, que se movían de un lado a otro. El fuego resplandecía, y de él se desprendían relámpagos. Los seres vivientes se desplazaban de un lado a otro con la rapidez de un rayo" (Ezequiel 1:13–14, NVI).

Ezequiel también vio un primer plano de estas criaturas angélicas. Cada uno de ellos tenía cuatro caras y cuatro alas. Sus pies, que eran semejantes a los cascos de los terneros, parecían brillar como el bronce (v. 7). Y las fantásticas criaturas tenían las caras de un toro, un león, un águila y un hombre. Suena como algo que se podría ver en una película de ciencia ficción o leerse en una novela de J. R. R. Tolkien, pero está en la Biblia. Es un tráiler del día de Pentecostés, antes de Pentecostés.

Yo solía considerar que la asombrosa visión de Ezequiel no era más que una descripción de un extraño buscando ángeles en el cielo, pero ahora me doy cuenta de que hay más implícito en la visión del profeta. ¡Las criaturas de cuatro caras se describen en detalle para recordarnos que todo el que es ungido por el Espíritu Santo se transformará en algo indómito! Estos animales representan las cualidades de la naturaleza de Dios que Él comparte con nosotros.

Los "seres vivientes" que Ezequiel vio tenían rostro de hombre. Esto simboliza la naturaleza humana. Todos somos frágiles vasos de barro, y siempre vamos a lidiar con defectos, tentaciones y debilidades. Pero las criaturas también tienen los rostros de tres animales silvestres. Esto significa para nosotros que cuando estamos llenos del Espíritu Santo de Dios, Él comparte con nosotros sus atributos sobrenaturales. Nuestra naturaleza está imbuida de un celo salvaje, santo.

El toro habla de fortaleza espiritual. Es lo que el salmista tenía en mente cuando escribió: "Me has dado las fuerzas de un toro; me has ungido con el mejor perfume." (Salmo 92:10, NVI). Cuando el aceite del Espíritu nos toca recibimos un poder raro, inexplicable, para lograr lo que no podíamos hacer antes. Somos capaces de avanzar en el Espíritu y tomar territorios para el Señor.

El león habla de la valentía para evangelizar. En Proverbios 28:1 dice: "Huye el impío sin que nadie lo persiga; mas el justo está confiado como un león". Este animal no teme a nada ni a nadie. Su rugido es el sonido más fuerte de la selva. Los cristianos verdaderamente llenos del poder del Espíritu no pueden dejar de hablar de Jesús.

El águila habla de la velocidad del misionero, así como de una aguda visión profética. El profeta Isaías entendía esto cuando dijo que "los que esperan a Jehová tendrán nuevas fuerzas; levantarán alas como las águilas; correrán, y no se cansarán; caminarán, y no se fatigarán" (Isaías 40:31).

Lo que Dios le estaba mostrando a Ezequiel era el milagro de Pentecostés, cuando Dios investiría a su pueblo con poder de lo alto. Los primeros discípulos no sólo pudieron escuchar el sonido de un viento recio y ver las llamas de fuego descender sobre la cabeza de cada creyente. A esos creyentes les fueron infundidas cualidades indómitas: fuerzas sobrenaturales, valentía temeraria, audacia extraordinaria, y una capacidad poco común de ver en el reino invisible de los misterios de Dios.

Cuando digo que el Espíritu Santo es indómito, no estoy sugiriendo que traiga desorden o caos. Dios no es autor de confusión o de tonterías. Pero con demasiada frecuencia la iglesia estadounidense ha tratado de poner en una caja a la tercera persona de la Trinidad. Queremos confinarlo, ponerle bozal, constreñirlo o dispararle dardos tranquilizantes para que nosotros podamos mantener el control.

Dios quiere transformarlo a usted. Quiere darle un corazón de león. Quiere llenarlo tanto de su poder que usted deje su rutina habitual y se convierta en un aventurero. Esto sucederá cuando sea bautizado en el Espíritu Santo.

Dé un paso audaz

Cuando conocemos a Cristo y ponemos nuestra confianza en Él, "nacemos de nuevo" (Juan 3:3) y recibimos el Espíritu Santo en nuestros corazones. Ésta es la decisión más importante que usted deberá tomar. Esto les sucedió a los discípulos de Jesús en Juan 20:22, donde dice: "[Jesús] sopló sobre ellos y les dijo:—Reciban el Espíritu Santo" (NVI).

Pero antes de ascender al cielo, Jesús les dijo a sus discípulos que esperaran en Jerusalén hasta que llegara la promesa del Padre (Lucas 24:49). Les dijo que si esperaban allí serían "revestidos de poder desde lo alto". En Hechos 1:8 Jesús les dijo a sus seguidores que recibirían "poder" para ser sus testigos.

Así que los discípulos esperaron en Jerusalén durante muchos días, orando cerca del templo. En el día de Pentecostés, que era cincuenta días después de que Jesús hubiera muerto en la cruz, algo increíble sucedió. El Espíritu Santo fue derramado sobre la iglesia primitiva. Esto se describe en Hechos 2:1–4. La Biblia dice que cuando el Espíritu vino, los discípulos fueron llenados (o *bautizados*) con el Espíritu.

Esto nos muestra que hay dos experiencias separadas que podemos tener con Dios. Una de ellas es la salvación, en la que recibimos el asombroso perdón de Dios y una nueva naturaleza. El Espíritu Santo viene a vivir dentro de nosotros, y se convierte en nuestro maestro, nuestro consolador y nuestro ayudador.

La segunda experiencia es el bautismo del Espíritu Santo, en el que se desborda el Espíritu Santo, que ya está en nosotros. Ser "bautizados en el Espíritu" significa ser "completamente inmersos en el Espíritu". Jesús no quería que nos basáramos en nuestra propia capacidad para hacer la obra del ministerio. Quiere hacerlo Él mismo a través de nosotros. Así que nos llena con el Espíritu Santo para investirnos de poder con su capacidad.

Cuando tenemos esta experiencia, el poder del Espíritu Santo nos llena hasta tal punto que se desborda. Además, cuando somos bautizados en el Espíritu, inusuales "dones del Espíritu Santo"—que se enumeran en 1 Corintios 12:8–10—empiezan a manifestarse en nuestras vidas. Comenzamos a experimentar el poder sobrenatural. Estos dones incluyen profecía, discernimiento, milagros, sanidades y el hablar en lenguas desconocidas.

Cuando la gente era bautizada en el Espíritu Santo en la iglesia del Nuevo Testamento, la Biblia dice que todos hablaban en lenguas (Hechos 2:1–4; 4:31; 10:44–48; 19:1–7). A muchas personas las confunde el hablar en lenguas, porque parece una cosa extraña. En realidad no es para nada extraña. Es una forma muy especial de oración que cualquier cristiano puede experimentar.

Cuando oramos en nuestro lenguaje de oración celestial, estamos alabando a Dios y también nos fortalecemos espiritualmente a nosotros mismos. Hablar en lenguas nos ayuda a ser poderosos en el Espíritu. El apóstol Pablo, un verdadero gigante de la iglesia del Nuevo Testamento, les dijo a los creyentes de Corinto: "Doy gracias a Dios que hablo en lenguas más que todos vosotros" (1 Corintios 14:18).

Ser bautizado en el Espíritu Santo no es algo que usted tenga que ganarse. Cualquier cristiano lo puede pedir, y Jesús está listo para dárselo. Puede orar por sí mismo, o puede pedirle a alguien que ore por usted.

Estos son los sencillos pasos que puede dar para ser lleno del Espíritu Santo:

1. **Prepare su corazón.** El Espíritu Santo es santo. Él se compara con el fuego (Mateo 3:11), lo que quiere decir que purifica del pecado y quema lo que no es semejante a Cristo en nuestras vidas. Asegúrese de haber confesado todo pecado conocido y dispuesto su corazón para que Él lo llene.
2. **Pídale a Jesús que lo bautice en el Espíritu.** Usted no necesita hacer nada para llamar la atención de Dios. Él está dispuesto a responder a su petición. Jesús es el que nos bautiza en el Espíritu, de modo que le pedimos y esperamos su respuesta.
3. **Reciba la llenura.** Empiece a darle las gracias por este milagro. El poder del Espíritu Santo está llenando su vida. Si siente que su mente se nubla de dudas, simplemente alabe al Señor. Concentre su mente en Él y no en usted mismo.
4. **Libere su lenguaje de oración.** En el momento de ser lleno del Espíritu, usted recibirá la capacidad de hablar en su lenguaje de oración celestial. Tal vez sentirá que las palabras burbujean en su interior. Tal vez comience a escuchar palabras en su mente. Abra la boca y comience a hablar, confiando en que el Señor le dará este lenguaje nuevo, sobrenatural.
5. **Avance audazmente.** Después de haber sido bautizado en el Espíritu Santo, una de las primeras cosas que notará es una nueva audacia. Al Espíritu Santo no le gusta esconderse. Él quiere que usted les hable de Jesús a quienes lo rodean y le dará un valor que lo sorprenderá.

NOTAS

Mentira Nº 1: Dios hizo a los hombres superiores a las mujeres.

1. Aristóteles, Política. www.laeditorialvirtual.com.ar (consultado en línea el 2 de noviembre de 2010).

2. "Where Do You Suppose Dr. Shedd Got His Opinion of Women?" FreeThinkers of Colorado Springs, www.freethinkerscs.com (consultado en línea el 15 de junio de 2010).

3. John Wijngaards, "Greek Philosophy on the Inferiority of Women," Women Can Be Priests, website, www.womenpriests.org (consultado en línea el 22 de septiembre de 2010).

4. El Corán, en El Corán en español, http://es.knowquran.org (consultado en línea el 2 de noviembre de 2010).

5. Reform Gilbert Haggadah, "Morning Prayer," *The Standard Prayer Book; Authorized English Translation*, trans. Simeon Singer (Bloch Pub. Co., 1915), www.archive.org (consultado en línea el 18 de junio de 2010).

6. Samuel Butler, *Miscellaneous Thoughts*, www.giga-usa.com (consultado en línea el 15 de junio de 2010).

7. Freidoune Sahebjam, *The Stoning of Soraya M* (Arcade Publishing).

8. *The Stoning of Soraya M.*, DVD, dir. Cyrus Nowrasteh (n.p.: Lions Gate Films Home Entertainment, 2010).

9. L. Heise, M. Ellsberg, and M. Gottemoeller, "Ending Violence Against Women," *Population Reports* series L, no. 11 (December 1999).

10. Tracy Wilkinson, "United Nations commission reports on violence against women in Latin America," *Los Angeles Times*, 25 de noviembre de 2009.

11. United States Department of State, "Trafficking in Persons Report: Junio 2005" (United States Department of State, 2005).

12. International Organization for Migration (IOM) Kosovo, Counter Trafficking Unit, "Return and reintegration project, situation report" (IOM, 2001).

13. International Organization for Migration, "New IOM figures on the global scale of trafficking," *Trafficking in Migrants Quarterly Bulletin* (IOM, 2001).

14. United Nations Population Fund, "India: Restoring the Sex-Ration Balance," www.unfpa.org (consultado en línea el 1º de octubre de 2010).

15. C. Watts and C. Zimmerman, "Violence Against Women: Global Scope and Magnitude," *The Lancet* 359 (6 de abril de 2002). La bárbara práctica de la mutilación genital es llamada a veces circuncisión femenina,

pero realmente no puede ser comparada con la circuncisión masculina. El corte del prepucio no reduce el placer sexual masculino, ni causa riesgos para la salud. De hecho, la circuncisión masculina—que fue instituida por Dios con el patriarca Abraham—ofrece realmente beneficios para la salud.

16. *Ibíd.*

17. The United Nations Population Fund (UNFPA) estima que el total anual de víctimas de "asesinatos por honor" en todo el mundo puede alcanzar la cifra de cinco mil. El número real no es obtenible, porque esa clase de asesinatos se realizan secretamente y pocas veces son reportados.

18. Manuel Bermúdez, "Guatemala: Violence Against Women Unchecked and Unpunished," Inter Press Service, November 25, 2005, www.ipsnews.net.

19. Prega Govender, "Niñas violadas: un tabú dentro del tabú del SIDA; más y más niñas están siendo violadas por hombres que creen que esto los 'limpia' de la enfermedad, pero la gente no quiere hacer frente a este tema", *Sunday Times, Sudáfrica, 4 de abril de 1999,* consultado en línea el 15 de junio de 2010, www.aegis.com/news/suntimes/1999/ST990401.html.

Mentira Nº 2: Un hombre no puede tener una buena relación con su padre.

1. "Eminem Quotes," ThinkExist.com http://thinkexist.com (consultado en línea el 15 de junio de 2010).

2. "Michael Jackson: in His Own Words," *The Sunday Times*, 26 de junio de 2009, consultado en línea el 15 de junio de 2010, http://entertainment.timesonline.co.uk.

3. Dave Simmons, *Dad, the Family Counselor* (Victor Books), as quoted in www.diyfather.com (consultado en línea el 22 de septiembre de 2010).

4. *The Cable Guy*, DVD, Ben Stiller (Columbia TriStar Home Video).

5. "Corey Taylor; Metal Hammer," SlipKnot-Metal.com, www.slipknot-metal.com (consultado en línea el 15 de junio de 2010).

6. Jack Frost, *Experiencing the Father's Embrace* (Charisma House).

7. D. James Kennedy, PhD, "Restoring the Soul of the Nation," *Issues Tearing Our Nation's Fabric* (Center for Reclaiming America, 1997), www.leaderu.com (consultado en línea el 22 de junio de 2010).

8. *Ibíd.*

9. Janice Shaw Crouse, "Family Breakdown and the Nation's Pocketbook," AmericanThinker.com, February 20, 2010, www.americanthinker.com (consultado en línea el 22 de junio de 2010).

10. *Dead Poets Society (La sociedad de los poetas muertos)*, DVD, dir. Peter Weir Buena Vista Home Entertainment, 1998).

11. *The Blind Side (El lado ciego)*, DVD, dir. John Lee Hancock (2009; n.p.: Warner Home Video, 2010).

Mentira Nº 3: Un verdadero hombre se define por el éxito material.

1. *Scarface*, DVD, dir. Brian De Palma (Universal Home Entertainment).

2. "Donald Trump Quotes," ThinkExist.com, http://thinkexist.com (consultado en línea el 15 de junio de 2010).

3. *Wallstreet*, DVD, dir. Oliver Stone (1987; n.p.: Twentieth Century Fox Home Entertainment, 2000).

4. "James Cameron accepting the Oscar for Directing Titanic—70th Annual Academy Awards," YouTube, Video posted March 14, 2008, www.youtube.com (consultado en línea el 15 de junio de 2010).

5. "Success Quotes," AYearFromNow.com, www.ayearfromnow.com (consultado en línea el 15 de junio de 2010).

6. Luisa Kroll and Matthew Miller, eds., "The World's Billionaires," *Forbes* magazine, March 10, 2010, consultado en línea el 21 de junio de 2010, www.forbes.com.

7. Kenneth Barker, ed., *NASB Zondervan Study Bible* (Zondervan).

Mentira Nº 4: El hombre es el "jefe" supremo de su familia.

1. John Knox, *The First Blast of the Trumpet Against the Monstrous Regiment of Women* (extract) (Geneva, 1558), http://picard.montclair.edu (consultado en línea el 15 de junio de 2010).

2. "Where Do You Suppose Dr. Shedd Got His Opinion of Women?" Freethinkers of Colorado Springs, www.freethinkerscs.com (consultado en línea el 15 de junio de 2010).

3. "Glover Cleveland Quotes," ThinkExist.com, http://thinkexist.com (consultado en línea el 16 de junio de 2010).

4. "Quote #464," Witty Quotes Haven: All Witty Sayings, www.witty-quotes.com (consultado en línea el 16 de junio de 2010).

5. "Famous Quotes About Women and Marriage," 3roms.com, www.3roms.com (consultado en línea el 16 de junio de 2010).

6. "Groucho Marx Quotes," ThinkExist.com, http://de.thinkexist.com/quotes/groucho_marx/ (consultado en línea el 16 de junio de 2010).

7. "Housework," Quoteland.com, www.quoteland.com (consultado en línea el 16 de junio de 2010).

8. *The Stepford Wives*, VHS, directed by Brian Forbes (1975; Embassy Home Entertainment, n.d.).

Mentira Nº 5: El sexo es principalmente para el goce del hombre, no de la mujer.

1. "Hugh Hefner Quotes," ThinkExist.com, http://thinkexist.com (consultado en línea el 16 de junio de 2010).

2. Jacqueline Kennedy Onassis quote, Famous Quotes About Adultery, www.famous-quotes.com (consultado en línea el 22 de septiembre de 2010).

3. "Lenore Coffee Quotes," www.worldofquotes.com (consultado en línea el 16 de junio de 2010).

4. "Kin Hubbard Quotes," BrainyQuote.com, www.brainyquote.com (consultado en línea el 16 de junio de 2010).

5. *Slumdog Millionaire*, DVD, dir. Danny Boyle and Loveleen Tandan (2008; n.p.: Twentieth Century Fox Home Entertainment, 2009).

6. William Barclay, *Comentario al Nuevo Testamento*—17 Tomos en 1. Ed. Clie, 2008, pág. 611, Introducción general a las cartas a los corintios.

7. David Padfield, "Corinth, Greece in the New Testament" (Corinto, Grecia en el Nuevo Testamento), Padfield.com, www.padfield.com (consultado en línea el 22 de junio de 2010). Afrodita es representada en las estatuas como una bella mujer desnuda. Ella era la patrona de las prostitutas y los griegos creían que nació cuando un titán llamado Cronos cortó los genitales del dios Urano con una hoz y los arrojó al mar. Muchos eruditos creen que Afrodita er la versión griega de la diosa cananita Astoret—la contraparte femenina de Baal en cuya adoración recaían los hijos de Israel.

MENTIRA Nº 6: ESTÁ BIEN QUE UN HOMBRE GOLPEE O ABUSE DE UNA MUJER.

1. Julia Savacool, "Our Most Important Mission Ever: Stop Violence Against Women Now," MarieClaire.com, www.marieclaire.com (consultado en línea el 16 de junio de 2010).

2. *Ibíd.*

3. "Quotes From the Movie *Gone With the Wind*," FinestQuotes.com, www.finestquotes.com (consultado en línea el 16 de junio de 2010).

4. The Associated Press, "Marlon Brando Movie Quotes," USAToday.com, July 2, 2004, www.usatoday.com (consultado en línea el 16 de junio de 2010).

5. Rosie Swash, "Grammys 2009: Rihanna Cancels Appearance After Boyfriend Chris Brown Arrested," Guardian.co.uk, 9 de febrero de 2009, www.guardian.co.uk (consultado en línea el 21 de junio de 2010).

6. George Rush and Nancy Dillon, "TMZ posts Rihanna photo showing star's bruised face after alleged Chris Brown beating," NYDailyNews.com, 20 de febrero de 2009, www.nydailynews.com (consultado en línea el 21 de junio de 2010).

7. "Oprah 'Sends Love' to Chris Brown and Rihanna, Dedicates Show to Abuse," FoxNews.com, March 12, 2009, www.foxnews.com (consultado en línea 21 de junio de 2010).

8. Reader reactions, George Rush and Nancy Dillon, "TMZ posts Rihanna photo showing star's bruised face after alleged Chris Brown beating," NYDailyNews.com, 20 de febrero de 2009, www.nydailynews.com.

9. *Ibíd.*

10. Heise, Ellsberg, and Gottemoeller, "Ending Violence Against Women."

11. J. A. Gazmararian, R. Petersen, A. M. Spitz, M. M. Goodwin, L. E. Saltzman, J. S. Marks, "Violence and Reproductive Health; Current Knowledge and Future Research Directions," *Maternal and Child Health Journal* 4, no. 2 (2002): 79–84; "Intimate Partner Violence, 1993–2001," Bureau of Justice Statistics Crime Data Brief (2003).

12. "Violence Against Women, A Majority Staff Report," Committee on the Judiciary United States Senate, 102nd Congress (n.p.: n.p., 1992), 3.

13. V. Frye, "Examining Homicide's Contribution to Pregnancy-Associated Deaths," *Journal of the American Medical Association* 285.

14. J. G. Silverman, A. Raj, L. A. Mucci, and J. E. Hathaway, "Dating Violence Against Adolescent Girls and Associated Substance Abuse, Unhealthy Weight Control, Sexual Control, Sexual Risk Behavior, Pregnancy, and Suicidality," *Journal of the American Medical Association* 286, no. 5 (2001).

15. Patricia Tjaden and Nancy Thoennes, "Prevelence, Incidence, and Consequences of Violence Against Women: Findings from the National Violence Against Women Survey," National Institute of Justice: Center for Disease Control and Prevention, November 1998, www.ncjrs.gov. (consultado en línea el 22 de junio de 2010).

16. E. Krug, et al., eds., "Women Are at Greatest Risk of Violence From Men They Know," *World Report on Violence and Health* (Geneva: WHO, 2002); as quoted in "Violence Against Women Fact Sheet," UNFPA.org, www.unfpa.org (consultado en línea el 22 de junio de 2010). En Australia, Canadá, Israel, Sudáfrica, y los Estados Unidos, del 40 al 70 por ciento de las mujeres víctimas de asesinato fueron muertas por sus parejas.

17. Charis Kubrin and Ronald Weitzer, "Misogyny in Rap Music: Objectification, Exploitation, and Violence against Women," paper presented at the annual meeting of the American Society of Criminology, Atlanta Marriott Marquis, Atlanta, Georgia, 14 de noviembre de 2007, www.allacademic.com (consultado en línea el 22 de junio de 2010).

Mentira Nº 7:Los verdaderos hombres no necesitan amistades masculinas íntimas.

1. "Henry Wadsworth Longfellow Quotes," BrainyQuote.com, http://www.brainyquote.com (consultado en línea el 17 de junio de 2010).

2. "Thomas Wolfe Quotes," ThinkExist.com, http://en.thinkexist.com (consultado en línea el 17 de junio de 2010).

3. "Vincent van Gogh Quotes," ThinkExist.com, http://thinkexist.com (consultado en línea el 17 de junio de 2010).

4. Bill Hybels, *Honest to God?* (Sincero con Dios) (Zondervan, 1992).

5. "Wayne McLaren, 51, Rodeo Rider and Model," Obituaries, *New York Times*, July 25, 1992, consulta en línea el 22 de septiembre de 2010, www.nytimes.com; "Marlboro Manslaughter," Snopes.com, 6 de agosto de

2007, www.snopes.com (consulta en línea el 22 de septiembre de 2010), versión en español en www.latrinchera.org, 27-12-05 (consultado en línea el 27 de noviembre de 2010).

6. "The Marlboro Man," *Ad Age*, 2005, http://adage.com.

7. "Marlboro Man," *Wikipedia*, http://es.wikipedia.org (consultado en línea el 27 de noviembre de 2010). Tres hombres que aparecieron en la publicidad de Marlboro—Wayne McLaren, David McLean y Dick Hammer—murieron de cáncer pulmonar tras fumar cigarrillos Marlboro, específicamente Marlboro Reds, por lo que estos cigarrillos se ganan el apodo de Cowboy Killers (Asesinos de vaqueros). McLaren declaró a favor de la legislación antitabaco antes de su muerte a la edad de 51 años.

8. David W. Smith, *The Friendless American Male*, 23.

9. *Red Dawn*, DVD, dir. John Milius (MGM/UA Home Entertainment).

Mentira Nº 8: Un hombre nunca debe admitir sus debilidades.

1. "Tiger Woods: I Have Let My Family Down and I Regret Those Transgressions," TheInsider.com, December 2, 2009, www.theinsider.com (consultado en línea el 17 de junio de 2010).

2. "At the White House News Conference on Education," WashingtonPost.com, January 26, 1998, www.washingtonpost.com (consultado en línea el 17 de junio de 2010).

3. "Nationally Televised Speech," WashingtonPost.com, 17 de agosto de 1998, www.washingtonpost.com (June 17, 2010).

4. "Reverend Jimmy Swaggart: Apology Sermon," Family Worship Center, Baton Rouge, Louisiana, February 21, 1988, as quoted at *American Rhetoric* Online Speech Bank, www.americanrhetoric.com (consultado en línea el 17 de junio de 2010).

5. "Edgar Watson Howe Quotes," http://thinkexist.com (consultado en línea el 17 de junio de 2010).

6. J. Lee Grady, "Dirty Little Secrets," Mastering Life Ministries, 17 de agosto de 2008, www.masteringlife.org (consultado en línea el 17 de junio de 2010).

7. "Estadísticas de abuso sexual", citando información del Departamento de Justicia y el Departamento de Salud y Servicios Humanos de los Estados Unidos, de la Liga Norteamericana por el Bienestar Infantil, el Centro Nacional de Investigaciones para la Prevención del Abuso a los Niñis y otras organizaciones. Vaya a: www.prevent-abuse-now.com. Estudios gubernamentales y privados encuentran que un tercio de los delincuentes juveniles, el 20 por ciento de los agresores sexuales, y el 76 por ciento de los violadores seriales reportan que fueron sexualmente abusados de niños.

8. "André Malraux Quotes," ThinkExist.com, http://thinkexist.com (consultado en línea el 21 de junio de 2010).

9. Samuel Taylor Coleridge, "The Rime of the Ancient Mariner," *Lyrical Ballads*, www.poemhunter.com (consultado en línea el 17 de junio de 2010).

10. Charles Dickens, *A Christmas Carol (Un cuento de Navidad)* (London: Elliot Stock, 62, Paternoster Row, E.C.), www.stormfax.com (consultado en línea el 17 de junio de 2010).

11. *Ibíd.*

12. *Atracción fatal*, DVD, dir. Adrian Lyne (1987; n.p.: Paramount Home Video, 2002).

13. David Kyle Foster, *Sexual Healing* (n.p.: Regal Books, 2005).

14. Jerry Sutton, *A Simple Guide to the Way Back Home* (n.p.: Broadman and Holman Publishers).

15. Jim Bakker, *I Was Wrong* (Estaba equivocado) (Thomas Nelson).

16. J. Lee Grady, "What I Learned Behind Bars," *Charisma*, February 1997, 46–47.

17. *Ibíd.*

Mentira Nº 9: Los verdaderos hombres no lloran.

1. "Max Beckmann Quotes," BrainQuote.com, www.brainyquote.com (consultado en línea el 17 de junio de 2010).

2. "Jean Rhys Quotes," http://thinkexist.com (consultado en línea el 17 de junio de 2010).

3. "Kurt Vonnegut Jr. Quotes," ThinkExist.com, http://thinkexist.com (consultado en línea el 17 de junio de 2010).

4. Rita Schiano, *Sweet Bitter Love* (n.p.: The Reed Edwards Company, 1997), as quoted at "Quotations About Crying," QuoteGarden.com, www.quotegarden.com (consultado en línea el 17 de junio de 2010).

5. "Christian Nevell Quotes," ThinkExist.com, http://thinkexist.com (consultado en línea el 17 de junio de 2010).

6. "Jewish Proverb Quotes," ThinkExist.com, http://thinkexist.com (consultado en línea el 17 de junio de 2010).

7. "Billy Graham Quotes," ThinkExist.com, http://thinkexist.com (consultado en línea el 17 de junio de 2010).

8. *Father of the Bride (El padre de la novia)*, DVD, dir. Charles Shyer (1991; n.p: Touchstone Home Video, n.d.).

9. Watchman Nee, *Release of the Spirit* (La liberación del Espíritu) (n.p.: New Wine Press, 2007).

10. *Ibíd.*, 20–21.

11. Whitefield quoted in Charles Spurgeon, *Lectures to My Students* (Cartas a mis estudiantes) (Zondervan, 1954), 307.

12. *Ibíd.*

13. Charles Spurgeon, *Lectures to My Students*, 305.

14. *Ibíd.*, 309.

Mentira Nº 10: Un hombre nunca debe recibir ministración espiritual de una mujer.

1. Tertuliano, "De Cultu Feminarum," Book I Chapter I, *Modesty in Apparel Becoming to Women in Memory of the Introduction of Sin Through a Woman*, in "The Ante-Nicene Fathers," www.tertullian.org (consultado en línea el 18 de junio de 2010).

2. Orígenes, *Fragments on First Corinthians*, as quoted in Ruth A. Tucker and Walter L. Liefield, *Daughters of the Church* (Zondervan, 1987).

3. V. Bush, "Women Preachers," The Church of the Lord Jesus Christ of the Apostolic Faith, http://thechurch-apostolicfaith.org (consultado en línea el 18 de junio de 2010).

4. Aymon de Albatrus, "Kingdom of God vs. Women Preachers," www.albatrus.org (consultado en línea el 18 de junio de 2010).

5. Maureen Eha, "She Will Not Remain Silent," CharismaMag.com, 13 de mayo de 2002, consultado en línea el 18 de junio de 2010.

6. J. Lee Grady, *25 Tough Questions About Women and the Church* (Charisma House).

7. *Ibíd.*, 121.

8. *Ibíd.*, 159.